中公新書　1687

加藤秀治郎著

日本の選挙

何を変えれば政治が変わるのか

中央公論新社刊

まえがき

本書は、選挙制度についての一般読者向けの書物である。執筆にあたっては、平易な記述を心掛けた。内容が乏しくては困るが、高度な内容のことでも、必ずしも平易に書けないことはない、と考えてのことである。また、すでにかなりの知識のある人にも十分、興味深く読んでもらえるよう工夫をこらした。

このような記述の方針は、狭い「業界」の人だけを相手にしていてはダメだと日頃感じているためである。私はこの十数年、選挙制度を研究しながら、いろいろ論じてきたが、学界、政界、言論界という、狭い業界の人が相手の場合、どこか空しい思いが拭《ぬぐ》えなかった。誰もが勝手に自説を唱え、他人の意見を聞こうとしないからである。世論を動かすには、回り道のようだが、業界以外の人を相手に丁寧に説いていった方が有益だと思うようになっているのである。

選挙制度論は政治学の一分野だが、わが国での議論にはいくつか困った傾向がある。

第一に、専門家の知識があまり求められないことである。少しでも関心のある人なら、自分の考えをもっており、別に専門的知識はいらないと考えているようだ。しかし、それは勝手な思い込みであり、新しい知識を入れて考え直すと、別の結論も出てくるのである。選挙制度の各類型にも細かな点で異なる諸制度があり、その相違がそれぞれ無視できない別の作用を及ぼすのだが、そういう点に無頓着《むとんちゃく》な議論が多すぎるのである。まず、これを正していかなければならない。

第二に、学者やジャーナリストなど、多少詳しい人も、陥《おちい》りやすい「落とし穴」にはまっている。「中選挙区制」や「単記制・連記制」など、頻繁に出てくる言葉も、実は日本的分類であって、注意しないと議論そのものが日本的なものとなりやすい。これは用心したい点である。

第三は、より本質的なことだが、各制度の思想的バックボーンが語られないことである。外国での議論なら必ず名前の出てくる政治思想家にさえ言及がなされない。そして、「各選挙制度は一長一短で、ベストの制度はない」などと、実に単純な議論がなされる。戦前は、吉野作造《よしのさくぞう》と美濃部達吉《みのべたつきち》がそれぞれ論陣を張って、立派な議論をしたことを思うと、現在の傾向は退行現象のようにさえ思われる。反省されてよい点だ。

第四は、選挙制度を幅広く政治制度全般の中で議論することが少ないことである。そして多くの場合、衆議院の選挙制度ばかりが議論されるが、他の選挙制度も一緒に考えていかないと、意図したような改革の効果は期待できない。参議院をどうするか、知事や市町村長選挙はどうするか、地方議会選挙はどうか。また、選挙制度と中央・地方の政治・行政システムはどうかなど、全般的に考えていかなければならない。

第五には、選挙制度などとるに足りないことだ、という議論が消えないことである。選挙制度を変えればすべてが変わる、というような議論への反発かもしれないが、選挙制度はやはり無視できない作用を政治に及ぼしている。「民主政治は一つのとるに足りない技術的細目にその健全さを左右される。……選挙制度が適切なら何もかもうまくいく。そうでなければ何もかもダメになる」といったのは、思想家オルテガだが、この言葉を噛《か》み締めなければならない。

このような選挙制度の議論のパターンを見ると、教育問題とよく似ているところがある。まず、誰でも口が出せるし、それを直接の専門とする学者の意見があまり尊重されないことである。また、思い込みの強い議論が多く、意見の異なる人の間では有益な討論がなされないのも似ている。詳しい議論をしている書物でも、結論は最初から決まっていて、議論はもっぱら自説を強化することにのみ向けられている。さらには、思想的バックボーンに無頓着な議論が多いことも似ている。多様な教育制度にもそれぞれ理念があるのだろうが、あまりそんな話は聞かない。選挙制度でも平気で思いつきのような改革案が出されてくる。そして、他の制度との関連を考えない議論が多いのも同じだ。「入試地獄」が問題だとなると、他のことを考えずに入試だけを論じ、そこにだけ手をつけようとするようなものだ。

このようなわけで、私はわが国での選挙制度の議論のあり方に、強い不満を感じているが、それを本書にぶつけ、一つでも風穴を開けたいと思って執筆した。本書が新しい議論を始める契機となれば幸いである。

また、「なにを好んで選挙制度など、小さな問題を扱うのか」と、懐疑的な見方をしている方が、本書を通じて選挙制度に関心をもっていただければ、望外の幸せである。正直にいうと、かくいう私自身、大学院生時代にドイツに留学するまでは、選挙制度論をつまらない研究領域と考えていた。しかし、勉強を始めてみると、日本語の書物を読んでいたときより、ずっと知的興奮をかきたてる分野だということが分かってきた。

その面白さを分かち合うのに、本書がどの程度、成功しているかは、読者の判断を仰がなければならない。批判は歓迎するところなので、ぜひお寄せいただくよう、読者にお願いしておきたい。

目次

コラム　ドキュメント選挙戦

第一章　「日本的」選挙制度論の虚妄

——こんな議論では改革はできない

本書は、選挙制度について考える際に基本となる事柄について説明し、選挙制度を論じるときの留意点について述べてみようというものである。筆者なりの特別の考えを述べるというよりは、政治学で標準的知識とされるべき事項に重点を置く。とかくわが国ではそのような知識が無視されがちであり、そのために選挙制度について常識的な議論がしにくくなっているので、障壁を一つ一つ解きほぐしていきたい。

まず、すぐに障害となるのは、選挙制度など、技術的な問題であって、重要ではないという考えが根強いことである。一九九〇年代の初めに政治改革の機運が高まったときにも、「問題は政治腐敗の防止であり、選挙制度ではない」という声が強く出された。政治腐敗と選挙制度の関連性を重視しない論者からは、政治改革を「選挙制度改革に矮小化《わいしょうか》している」とか、「選挙制度改革にすり替えている」という批判が出された。また、実際に選挙制度が改革されてからは、「実態にさほどの変化がないではないか」という声がよく聞かれる。

こういう批判に対しては、本書の全体で反論し、選挙制度の重要性を説いていくしかないが、筆者はそういう批判を無視したくはない。筆者自身も学生時代、選挙制度の研究を「おそろしく退屈な分野」と考えていたからである。当時から政党と投票行動に関心を抱いていたが、指導教授から読むように指定される選挙制度の文献は、若い筆者には、何も知的興奮をかきたてるところがなかった。

だが、現代ドイツの政党と選挙を研究対象とするようになり、多少、外国との比較で考えるようになると、選挙制度が現実政治を規定している側面を無視できなくなった。そして次第に、選挙制度そのものを専攻分野の一つとするようになった。選挙制度は単に「技術的」な「細かい」問題ではない、と認識するようになったのである。そのことを巧みに説いている先達も存在している。

二〇世紀に最大の影響力をもった思想家の一人、オルテガ*がそうであり、主著『大衆の反逆』でこう書いている。「民主政治は、その形式や発達の程度とは無関係に、一つのとるに足りない技術的な細目に、その健全さを左右される。その細目とは選挙の手続である。それ以外のことは二次的である。もし選挙制度が適切で、現実に合致していれば、何もかもうまくいく。もしそうでなければ、他のことが理想的に運んでも、何もかもダメになる」と。

まさにそのとおりであり、選挙制度は一見、「技術的な細目」と映るのだが、実際にはそうではなく、政治の全般に大きな影響を及ぼしている。以下、本書ではそのことを平易に説いていきたい。

日本の選挙制度の特殊性

さて、そこで本題の選挙制度論だが、わが国には選挙制度を考えていくうえで、多くの障害がある。他の国と事情が異なる点が多く、あちこちで注釈が必要なことである。

まずは、わが国の選挙制度そのものがそうである。われわれは日本の選挙制度に馴染《なじ》んでいるから、そう奇異に思わないでいるが、実は日本の選挙制度は諸外国に比べ、きわめてユニークなものとなっている。かつての中選挙区制は、それ自体がきわめてユニークであったし、全体を眺めても、多様な類型の選挙制度を混在させており、「選挙制度のデパート」のようになっている。

そして、その実態を反映しているのだろうが、選挙制度を論じる際に用いる言葉もユニークなものとなっており、学問的な理論の方もかなり混乱している。選挙制度を本気になって考える場合、このへんの事情を整理しておかないといけないのが、多少、厄介《やっかい》といえば厄介である。しかし、それはさほど複雑なことではなく、きちんと説明すれば、すぐに分かってもらえることである。だが、「常識」を疑う目をもってもらわないことには、話にならないところが厄介なのだ。読者には、多少は専門家のいうことにも耳を傾けなくてはいけないようだ、と思っていただければ、もう十分である。

選挙制度については、少しでも考えたことのある人は、たいてい自分なりの意見をもっており、なかなか自説を変えようとしない。結局、入り口のところで喧嘩《けんか》別れのようになってしまい、話が先に進まなくて困る。なんとか自説を一方的に主張する前に、少し冷静に、知識を増やしながら考えたいものだ。そうすれば別の見方ができるようになり、他の考えの人との議論も、内容豊かなものになる。ちょっと我慢して、専門的知識を少し取り込む気持ちになっていただきたいのだ。

　簡単に分かることで、象徴的な例から話を始めよう。それは「死票《しひょう》」という言葉だが、わが国では一般に「落選した候補者への票」のことと考えられている。議席に結びつかない票であり、ムダになっているというのだ。だが、ムダというなら、ほかにムダになる票はないのだろうか。

　旧中選挙区制のように、一選挙区で何人も当選する選挙制度では、トップの候補者がゆうに二人当選できるくらいに大量得票することがあった。その場合に「ムダ」になっている票はないのか。一九九三年総選挙の際、滋賀全県区で新党さきがけの武村正義《たけむらまさよし》氏がブームにのってトップ当選したが、得票は二一万票で、最下位当選者（七万票）の三倍近かった。その票で、さきがけはもう一人当選させることができた、とも考えられるのだが、中選挙区制では取りすぎた票もそのままで、議席には結びつかないのだった。だが、アイルランドなど、国によっては、こういう票も「ムダ」になる票だと考え、それを別なかたちで議席に結びつけるような選挙制度を採用している。

　このように、「死票」という、一見、単純なように思える言葉も、そう簡単ではなく、それをどう考えるかで、選挙制度の考え方も変わってくるのである。

では、旧中選挙区制はどうか。有権者は一票を投じ、得票の多い候補者から当選となる制度であって、われわれは別に複雑な制度とは考えない。だが、外国人には政治学者であっても、なかなか理解しがたい制度であった。欧米では一般的な説明には登場しない特殊な制度であり、詳しい専門的文献にやっと例外的な「日本的制度《ジャパニーズ・システム》」として紹介されてきた。アメリカを代表するある日本政治研究者は、皮肉を込めてこう書いている。「選挙参謀や候補者を半狂乱にさせたり、絶望感に追い込むよう、特に考えて作った」制度のようだ、と（ベァワルド『日本人と政治文化』）。

それをわが国では一般にこう説明してきた。――一選挙区で一人を選ぶのが小選挙区制で、複数名を選ぶのが大選挙区制だが、三人から五人はあまり多くないから中選挙区制という、と。だが、三人から五人というだけのことならば、アイルランドなど、外国にも類似の選挙区制があり、格別に「日本的制度」というほどユニークなわけでもなかった。では、どこがユニークかというと、まず、一人しか書かせない単記制だったことである。

こういう日本的制度に対して、諸外国の選挙制度は基本的に小選挙区制（多数代表制）か比例代表制のいずれかをとっている（図表1参照）。比例代表制でなければ、小選挙区制ということである。「世論を鏡のように反映する議会」を目指すのが、比例代表制であり、「民主政治は多数決の政治」と、割りきった考え方をし、選挙区の多数派の代表を議会に送ればよいと考えるのが、小選挙区制（多数代表制）である。

多数代表制では、小選挙区制がその典型である。後に詳しく述べるように、定数が複数の大選挙区なら、定数の数だけ記入させる方法（完全連記制）をとる。三人区なら三人、四人区なら四人の名前を書かせるのである（日本の中選挙区制のように、一人しか書かせない単記制など、考えもつかないのであり、図表1のいずれからも外れる、例外的な日本的制度であった）。

現に、小選挙区制で有名なイギリスも、以前は二人区二名連記制であった。そうであれば、各党とも定数だけの候補者を立て、強い政党がその選挙区の議席をほぼ独占していた。小選挙区を二つ一緒に合わせて行うような制度であって、多数派が二つとも独占していたから、基本は小選挙区制と大きく変わるものではなかった。ところがわが国の中選挙区制では、一人しか書かせない単記制だったのであり、その点にユニークさがあった。

図表1　代表制と選挙区

	多数代表制	比例代表制
小選挙区	小選挙区制（イギリス アメリカなど）	
大選挙区	完全連記制（例外的 フィリピン上院 など）	比例代表制（欧州大陸諸国 など）

日本の中選挙区制は，このいずれでもない独特の制度であった

また、単記制だから、上位の候補者が票を取りすぎる場合も発生するが、その場合も、格別の措置をとらない、というのもユニークであった。先に「死票」についての別の考えを紹介したが、アイルランドでは、取りすぎた票を他の候補者に回す制度をとっており、そういう票もムダにしないような制度となっている。政党としてみた場合、比例的に議席を得るわけで、一種の比例代表制であり、移譲式比例代表制（後述）という。だが、日本はその移譲式でもなく、そこがユニークだったのである。

かくして、日本の中選挙区制は、専門的には、「大選挙区・単記・非移譲式」の制度と説明されるものであり、ここまで話してやっと、外国の研究者にも理解してもらえるものであった。あまりにもユニークなので、外国の研究者が関心を示し始め、最近では「単記・非移譲式」（SNTV：single non-transferable vote）という呼び名が定着してきている。

ドキュメント選挙戦① 政権選択直結の総選挙——一九九三年衆院選

戦後日本では自民党の長期政権の下、総選挙とは名ばかりの、政権選択とは無縁の選挙が続いてきたが、このときは珍しく、有権者はズバリ政権選択を迫られることとなった。一九九三年七月一八日の総選挙のことである。

政治改革をめぐって国会が紛糾し、宮沢喜一《みやざわきいち》内閣の不信任案可決で解散となったのだが、自民党から大量の離党者が出て、新党を結成していたので、政権の行方はまったく分からないまま選挙戦に突入した。

まず羽田孜《はたつとむ》、小沢一郎《おざわいちろう》両氏らの羽田・小沢派が自民党を離れ、「新生党」を結成した。衆議院から三六人（参議院八人）の同調者があった。前後して武村正義氏ら衆議院若手グループ一〇人も離党し、「新党さきがけ」を結党。これだけで自民党は過半数を大きく割り込んでおり、総選挙後の政権の行方はまったく予断を許さない情勢であった。

ほかにも、参院選でブームを呼び、一気に四議席を得ていた細川護熙《ほそかわもりひろ》氏の日本新党が、衆院選に候補者を立てる準備を進めていた。新党だけで三つを数え、社会、公明、民社、社民連の野党四党も、新党とともに自民党に代わる政権を模索していたので、総選挙では「自民党政権の継続か、非自民政権樹立か」が最大争点となった。

結果は、五一一議席のうち、自民党は二二三議席にとどまり、過半数を大きく割った。それに対して、すでに連立協議を進めていた社会（七〇議席）、新生（五五議席）、公明（五一議席）、民社（一五議席）、社民連（四議席）も、合計一九五議席で、過半数に達しなかった。
そこで、一気に三五議席を得ていた日本新党と、一三議席のさきがけの去就が注目された。政治改革の推進を謳《うた》っていた両党は、選挙制度を並立制に改めることなど、政治改革の方針で立場の近い方と連立を組むことにした。そして自民党と非自民五党の双方と交渉し、結局、細川首相の下で非自民八党派の連立政権が発足した。その結果、実現することとなったのが、並立制導入などの政治改革であった。

日本は「選挙制度のデパート」

旧中選挙区制が改められ、小選挙区比例代表並立制が導入されたのは、周知のとおりである。この制度は、小選挙区制と比例代表制という、二つの代表制を「並立」させたのだから、折衷的な混合型だが、これも含め、日本の選挙制度の全体を見渡すと、すさまじいばかりの諸制度の混在状況である。まさに「選挙制度のデパート」だ。
まず旧中選挙区制だが、公明党、共産党や、旧民社党などの中小政党もそこそこの議席を得ていたように、少数派にもチャンスがあることから、日本では学術的には「少数代表制」と呼ばれてきた。衆議院は並立制に改められたが、地方議会議員選挙は旧来の制度のままだから、基本的には少数代表制である。

さらに正確にいうなら、中選挙区制には、単一の選挙制度と見なしがたい面があった。中小政党にとっては、三人区、四人区、五人区で、それぞれ障壁に違いがあったのである。「五五年体制」の時期の例を示すが（一九八六年総選挙）、共産党は三人区では議席占有率が三・九％と低いが、五人区では六・五％に上がっている。公明党では三人区が七・一％で、五人区は一四・四％と倍増している。こういうわけで中選挙区制には、「同じ原理で貫かれた一つの制度と見ていいかどうか」疑問視される面があった（堀江湛「選挙制度改革のシミュレーション」）。

このように、三人区、四人区、五人区で相違があったが、以下では、そこまでは問わずに、中選挙区制は「少数代表制」ということで、議論を進めていく。

まず参議院だが、これまた選挙制度の混在ぶりがはなはだしい。専門家の見地からは、無原則と映りかねないほどである。都道府県別の選挙区選挙では、改選数一の県は小選挙区制だから、多数代表制である。ところが、改選数が複数の都道府県は、旧中選挙区制に近い少数代表制ということになる。さらには比例区選挙もあり、これは文句なしの比例代表制だから、参議院だけで三つのタイプの選挙制度が全部揃っていることになる。

海部俊樹《かいふとしき》内閣から細川内閣にかけて、一九九〇年代前半には政治改革論が盛り上がり、中選挙区制をやめて、小選挙区比例代表並立制を導入したのだが、これを評価する立場に立つと、参議院の選挙区選挙に改選が複数の区をそのまま残して、何とも思わないのは、不徹底もいいところである。これは、奇妙に感じられなければならないはずのもので、改選数四の東京都なら、四つの小選挙区で行うか、四名連記で行うのでないと、一人区の県と違う選挙制度で選挙していることになってしまう。

このへんが、旧来の惰性がまだ残っていることの現れであろう。とにかく、日本は選挙制度に限っては、かなり奇妙な構成となっているらしい、との印象を、まず胸に刻んでいただきたい。

ドキュメント選挙戦②　「山が動いた」国政選挙――一九八九年参院選

一九八九年は、世界的には「ベルリンの壁の崩壊」に代表される「東欧の民主革命」の年であり、激動の一年であったが、わが国でも一月七日の昭和天皇崩御で始まる激動の一年であった。

まずは、前年に発覚していたリクルート事件が、政権の中枢に及んでいった。また、四月には消費税（三％）が導入された。これには反発を示す国民が多く出て、政局の混迷は加速された。そして、同月にはついに竹下登《たけしたのぼる》首相が辞意表明に追い込まれた。その後、伊東正義《いとうまさよし》擁立工作など紆余曲折《うよきょくせつ》があったが、六月になり宇野宗佑《うのそうすけ》首相が誕生した。だが、その後も混乱が続いた。宇野首相の女性スキャンダルが報じられ、厳しい状況下で七月の参院選となったのである。

この選挙では、「消費税」「リクルート」「女性スキャンダル」の「三点セット」が争点とされた。自民党は東京都議選などで敗北しており、厳しい選挙となると予想されていたが、与党への逆風は強まるばかりで、七月二三日の投票日を迎えた。結果、自民党は改選議席六九に対して三六議席にとどまった。非改選分を合わせても一〇九にしかならず、自民党の単独過半数には終止符が打たれた。これに対して社会党は、改選議席二二だったが、四六人の当選者を出し、二倍以上の躍進となった。

女性党首・土井《どい》たか子《こ》氏の人気もプラスに働いたのは確実で、土井氏は「山は動いた」と語った。自民党では宇野首相辞任を受けて、海部俊樹総裁を選んだが、八月の国会では、参議院の首相指名選挙で、社会党の土井委員長に敗れ、両院協議会を経ての海部首相誕生となった。両院の指名が異なったのは、なんと四一年ぶりのことであった。

衆議院と参議院では、選挙制度も異なれば運動態勢も異なるから、単純なことはいえないが、この参院選は政権交代の可能性を示すこととなった。短期間の例外を除き、長らく自民党の単独政権が続き、選挙による政権交代は考えられなくなりそうであったが、この選挙は旧来の「常識」を大きく揺るがせる国政選挙となったのである。

日本的な論点と類型

わが国では選挙制度の改革というと、判で押したように「カネのかからない選挙制度」と語られるが、これまた選挙制度論では実は珍しいことである。諸外国の文献をかなり多く読んでみても、これほど政治資金の問題と関連づけて議論される例はまず見られない。「選挙制度と政治資金」は、日本に限られるテーマかと思われるほど、外国での議論は少ないのである。

もちろん外国でも政治資金の問題が、まったく議論されないわけではない。ただ、それは選挙制度とあまり関連づけられることがない。それに対して、わが国ではいつも選挙制度と政治資金がセットで議論される。ということは、やはり、どこか選挙制度と政治資金が「構造的」につながった問題になっていると考えられているのである。中選挙区制など日本的な選挙制度は、その制度からして必然的にカネがかかるものとなっていた。

二〇〇一年の参院選から実施された非拘束名簿の比例代表制でも、同じ党の候補者同士で票の奪い合いが生じるから、中選挙区制以外でも同士打ちがまったく見られないわけではない。ただ、中選挙区制では大政党の場合、同士打ちは避けられず、「構造的」にカネがかかる仕組みとなっていた。同じ政党から複数の候補者が出れば、党の政策だけでは争いようもなく、カネをかけてのサービス合戦となるのは必然であった。

この現象は、有権者のタカリなど、日本の政治風土と無関係ではないし、選挙は競争だから、どの国でも多少はカネがからんでくる。だが、選挙制度の作用という要素が小さくないことを忘れてはならない。政治腐敗の事件では、不祥事を起こす個人の問題もないわけではないが、「構造的」に政治システムから生まれているという面も強かったのである。地元利益誘導と、カネをかけてのサービス合戦が顕著な傾向だったのであり、外国の研究者の目には、中選挙区制と不可分の面があると映っていた。アメリカの日本政治研究者カルダーはこう書いている。――中選挙区制の下で政治家は政治基盤を安定させるために、「支持層への物質的利益の配分に全力を注いできた」。落選の危機意識から「ひたすら物質的分配によって選挙民の歓心を買うことに専念せざるをえなかったのである」(『自民党長期政権の研究』)。

これらの点について人々の認識が深まり、ついに選挙制度改革に至ったのであった。ところがその後、実に安易に中選挙区復活論が語られている。政党が党利党略からそれをいうなら、その党の事情というだけのことだが、どうもそうとはかぎらないところがあって、学者やジャーナリストからも復活論が出ている。筆者はそのへんに、認識がまだ中途半端なことが露呈していると思うのだが、どうであろうか。

「日本的現象」はこれにとどまらない。日本独自の制度を長く採用しているうちに、それが学問的な理論にも取り込まれていくのである。日本的制度を諸外国の制度と並ぶ、立派なものであるかのように位置づけ、正当化する〝理論〟が登場している。

「少数代表制」という用語は、あるいは専門家の間でしか知られていないかもしれない。中選挙区制は少数派の代表をも議会に送るように工夫された「少数代表制」だとする類型論があるのである。わが国の専門的文献には、多くの場合、この「少数代表制」という言葉が書き込まれているのだ。

この点については、いろいろ古い文献をあたってみたが、戦前に東京帝国大学の公法学教授であった野村淳治《のむらじゅんじ》*による造語と推測される。筆者の調べた範囲では、彼の大正時代の論文(『国家学会雑誌』一九一八年一一月号)に初めて登場する。——イギリス、アメリカの小選挙区制は、選挙区の多数派の代表を議会に送る「多数代表制」であり、ドイツや欧州の中小諸国に多いのが「比例代表制」である。外国の文献には、この二つしか書いてないが、野村は、その二つと並べ、第三の類型として「少数代表制」を数え上げているのである。

戦前の東京帝大教授の権威はたいへんなものだったとみえ、この三類型はたちまち広まり、わが国の専門書の多くがこの三類型をとるようになった。だが、そんなことが書いてあるのは日本の文献に限られ、欧米の文献には前二者の類型しか数えられていない。先に述べたように、そもそも中選挙区制のような制度は、よほど詳しい文献の中で例外的な「日本の制度」として説明しているだけであって、「少数代表制」などという言葉は出てこない。三類型の一つと説明されると、中選挙区制を、あまり特殊なものと意識しなくなるが、それは狭い日本の文献に限られることだったのである。

筆者は、この類型のもつ意味を、軽く考えたくない。「選挙制度には二つの類型しかなく、中選挙区制はそれから外れる特殊な制度だ」と説明されると、中選挙区制を擁護する側は苦しくなるが、三つの類型の一つ「少数代表制」に属するもの、といわれると、安心して主張できるからである。野村淳治の三類型は、かくして中選挙区制の〝正当化〟に多大な寄与をしたと考えるのである。

選挙制度の関連用語の混乱

こういう具合では、ほかにも「日本的」説明があるかもしれないと、注意して調べていく

図表2　大選挙区における投票方法

<table>
<tr><th colspan="2">日本的区分</th><th>欧米の区分</th></tr>
<tr><td>単記制</td><td>複数定数だが，1人しか記入させない</td><td rowspan="2">制限投票制(limited vote)
複数定数のところで，定数よりも少ない数しか記入させない．1人しか記入させない場合も同じ</td></tr>
<tr><td rowspan="2">連記制</td><td>制限連記制
定数よりも少なく連記させる</td></tr>
<tr><td>完全連記制
定数の数だけ連記させる</td><td>複数投票制
(plural ballot system)
定数の数だけ連記させる</td></tr>
</table>

と、次々に怪しげな「日本的説明」が出てくる。

まずは「単記制・連記制」の区別である（図表2参照）。一つの選挙区の定数が複数の場合に、どのように投票するか、その方法についての分類をめぐる問題である。たとえば三人の場合だが、一人しか書かせないのが単記制、複数名（二人か三人）を書かせるのが連記制という区分である。そして、日本では「連記制」をさらに分け、三人区なら三名連記というように、定数ぴったり書かせるのを「完全連記制」、三人区なのに二名しか連記させないように、定数よりも少ない数しか書かせないのを「制限連記制」という。

だが、この分類も日本製なのであり、論理を詰めていくと奇妙な点が出てくる。そして、この日本製の分類から奇妙な〝改革案〟が提唱されることもある。「中選挙区制が単記制だったために同士打ちが生じたのだから、制限連記制にしよう」というような〝改革案〟がそれであり、渡辺《わたなべ》美智《みち》雄《お》元蔵相などから出されたことがある。中選挙区制（定数三〜五）をそのままに、二名連記に改めればよいではないか、というような案である。

この改革案のどこがどう「奇妙」かは、欧米の分類を説明しないと分からない。やや説明は込み入るが、すこし我慢をして読み進めていただきたい。欧米の分類はこれと違うのである。——まずは欧米のように、小選挙区制のような理念（多数代表制）に立って考える場合である。定数が三人の選挙区だとすると、小選挙区が三つ合わさったものだと考え、そこで多数派を選出するには、有権者に三名を選ばせればよいと考える。各党ともまずは三人ずつ候補者を立て、「三票ともわが党の候補者に！」と運動するから、その選挙区で最強の政党が三議席を独占するであろう。多数代表制という考えなら、こうするしか方法はない。これを「複数投票制《プルーラル・バロット》」という。

こうしないで、二人しか書かせない（制限連記制）とか、一人しか書かせない（単記制）とかすると、多数派を代表させるという原理から離れ、それ以外の勢力（少数派）にも議席が与えられることになる。そして、多数派以外の代表も議会に送られるべきだと考える人は、欧米では比例代表制を主張するので、このような中途半端な制度を提唱する人はいないのである。にもかかわらず、学問的には説明の必要上、何か名称が必要なので、「制限投票制《リミテイド・ヴォート》」と呼ばれている。定数三の選挙区で一人でも二人でも同じ「制限投票制」ということに分類されるのである。

一人（単記制）でも、二人（連記制）でも、定数未満には変わりなければ、「制限投票制」ということであり、一人か二人かは程度の相違という扱いになる。中選挙区制をそのままに、一人投票（単記制）から、二人投票（連記制）に変えても、同じ「制限投票制」の枠内でのこととなり、欧米のこの分類法からは、渡辺案はとても〝改革案〟などと呼べないことになるのである。

分類方法は、それがどれだけ役に立つかで、優劣が判断されるべきものである。では、この日本の分類と欧米の分類では、どちらが優れているかとなると、筆者は断然、欧米の分類に軍配を上げる。それは、選挙制度の理念との対応をもった分類と、そうでない分類の違いだからである。

第二章で詳しく紹介するが、選挙制度は理念的には、基本的に多数代表制がよいか、比例代表制がよいかの二者択一であり、それを議論していけばよいものである。代表的論者を挙げると、多数代表制はW・バジョット*によって説かれ、比例代表制はJ・S・ミル*によって説かれた。戦前の日本にも、特殊な「日本的」選挙制度を批判した立派な学者がいた。民本主義で知られる吉野作造《よしのさくぞう》*と、天皇機関説で有名な美濃部達吉《みのべたつきち》*がそうである。吉野が多数代表制を説き、美濃部は比例代表制を説くというように、提唱する案では異なったが、二人とも一致して、中選挙区制のような制度を続けていてはならないと、力説している。健全な議会政治、政党政治の発展にとって、障害となると考えたのである。

右のようなポイントさえ押さえておけば、複数定数の選挙区（大選挙区）では「複数投票制」にするのでなければ、比例代表制にするのが筋であり、それ以外の「制限投票制」は不可とされるのである。単記制でも制限連記制でも同士打ちが生じるのだが、それは、いずれも原則から外れる制度だからである。そのことを理解させてくれるうえで、日本的な分類より、欧米の分類の方が優れている、と考えるのである。

以上の議論からいえるのは、非合理的な分類法に立って考えていると、思考方法が歪《ゆが》むことである。いささか複雑なことを、面倒をいとわずに説いてきたのは、そのことを理解してもらうためであった。先に「少数代表制」という日本的類型の非合理性を説いたのも、同じ理由からである。性急にどの選挙制度がよいかを判断する前に、少し立ち止まって、専門的議論にも耳を傾け、冷静に考えてみていただきたいものである。

右のように、言葉のからんだ誤解や混乱は、正すのが容易でないが、そういう混乱はさほど多いわけではない。だがほかにも誤解や認識の混乱が多く、わが国での選挙制度の議論をしにくくさせている。衆議院に「並立制」の新制度が導入されてから、一九九六年、二〇〇〇年と二度の総選挙が行われたが、「ちっとも二大政党制にならないではないか」という批判がそうである。一九九六年が自民二三九、新進一五六議席で、二〇〇〇年が自民二三三、民主一二七議席だから、第一党・自民党と第二党の議席が開いているではないか、というのだ。ただ、これは単純な二つの誤解にもとづくものである。第一の誤解は、信じがたいほどに政治学の常識から外れたもので、二大政党制を、二党の議席数の伯仲と混同しているものである。一九九六年では自民党と新進党、二〇〇〇年では自民党と民主党だが、右のように二党の議席が伯仲状態にならなかったことをもって、「二大政党制にならなかった」といっているらしいのである。だが、選挙制度論のイロハを思い出してもらえば、すぐに誤りに気づくはずだが、小選挙区制は、小さな得票の差を大きな議席の差とする制度である。人為的に多数派政党を生み出すといわれるように、選挙での勝ち負けがはっきりつくのであり、二党の議席が伯仲することは少ないのだから、議席の差でもって二大政党制か否かを議論するのは間違いなのである。

もう一つの誤解は、第一のそれに比べるとやや複雑だが、それでも難しいことではない。二大政党制とは、二つの主要政党があって、両者に政権交代の現実的可能性があることをいうのだが、代表例のイギリスとアメリカの例から分かるように、毎回、接戦とは限らず、ある程度の期間内に政権交代があればよいのである。

どのくらいの期間かについては、諸説あるが、アメリカの「政党制の世代理論」などによると、大きく両党の力関係が変わるには、世代的なスパン、つまり二〇～三〇年間の年数がかかる、といわれている。イギリスではそれほど長期的な交代ではないが、それらを考慮すれば、たった二度で判断しようというのは、いかにも性急すぎないか。もちろん、後に検討するように、「一党優位制の復活」という理解もあるのだから、ただ単純に「もっと長い目で」とはいわないが、誤解にもとづき、せっかちに批判している人もいるので、注意しなければならない。

いずれにしても、どうしてこんな誤解が生じているのか、理解に苦しむが、学者やジャーナリストまでもがこういうことを主張しているようでは、いよいよ選挙制度論が難しくなる。ここでもまた、選挙制度のことなど分かっている、というつもりにならないで、いま一度、冷静に考える必要を説いておきたい。

ドキュメント選挙戦③ 並立制の下での初の総選挙――一九九六年衆院選

衆議院に「並立制」が導入されたのは一九九四年だが、新制度の下で初めて総選挙が行われたのは一九九六年一〇月二〇日のことである。小選挙区三〇〇、比例代表二〇〇の議席をめぐって戦われたが、主戦場は小選挙区であり、自民党に対抗すべく結成された新進党の戦いぶりが注目された。小選挙区導入で当選倍率は一気に二倍以上になり、候補者は史上最多の一五〇三人を数えた。

争点は消費税であった。税率を三％から五％に上げたいとする政府与党と、それを批判する野党が対峙《たいじ》する構図となった。だが、与野党それぞれが党内に異論を唱える勢力を抱えており、有権者がすっきりと選択できる状況にはならなかった。

新制度の影響や、新勢力の登場で、見どころの多い選挙であり、政権の枠組みにも直結する総選挙だったので、プロには最高に面白い選挙であったが、有権者は燃えなかった。投票率は過去最低だった前回をさらに下回り、五九％台にとどまった。頻繁に政権が代わり、政党の離合集散が行われたので、「有権者も嫌気がさしたのではないか」と語られた。

選挙結果は、自民党が過半数には届かなかったものの、二三九議席を得て、公示前の議席を大きく上回る復調ぶりを見せた。新進党は「選挙互助会」などと呼ばれる寄り合い所帯で、苦戦が予想されたが、小沢一郎党首は過半数獲得を目標に掲げ続けた。結局、比例代表でこそ自民党とほぼ互角に戦ったが、小選挙区では自民党に競り負けたところが多く、全体では一五六議席にとどまった。

中規模の政界再編でできた民主党は、結党直後の総選挙だった。鳩山由紀夫《はとやまゆきお》、菅直人《かんなおと》の両代表は人気が高かったが、「新党ムード」は起こせず、現状維持の五二議席に終わった。大きな変化は、旧社会党の社民党が三〇から一五へと議席を半減させて凋落《ちょうらく》したことであり、「五五年体制」の一角は完全に崩れた。予想されたことながら、自民党との連立で旧社会党を離れた票は、共産党に流れた。同党には格別の好材料はなかったが、一五議席を二六に伸ばしたのだ。

衆議院に初めて導入された比例選挙で、関取の旭道山《きょくどうざん》が当選するなど新味もあったが、他方では茨城七区で中村喜四郎《なかむらきしろう》氏が汚職事件の被告ながら無所属で出て当選するなど、旧来の選挙の惰性も見せつけた。

議席で自民党に水をあけられた新進党では、「敗北ムード」が生まれ、二ケタ単位の離党の動きが出た。政界再編がなおも続いていくことを予感させる総選挙であった。

選挙制度の「利害得失」論の虚妄

以上、いろいろとわが国での選挙制度論の歪みを指摘してきたが、最大級のものは、なんといっても、選挙制度の「利害得失」論である。選挙制度の議論では必ずといってよいほど言及され、筆者などは食傷気味である。利害得失の対照表のようなものが掲げられ、「選挙制度には一長一短があり、ベストのものはない」といわれるのである。

第二章で徹底的に批判するように、この種の議論は、選挙制度についての議論を不当に技術的な議論としてしまうものであり、各選挙制度の理念についての考慮を忘れさせるものである。各選挙制度は、それぞれ民主主義をどのようなものと捉えているか、理念を異にしているのだが、「利害得失」といった議論をしていると、誰もそのような理念を顧《かえり》みなくなってしまうのである。

そこでどういう議論がなされているか、簡単に例示してみると、次のようなことである（図表3参照）。

まず、わが国で長らく用いてきた「中選挙区制」には、①少数勢力も議会に代表を送るチャンスがあり、②有権者も比較的多くの候補者の中から選べるという「長所」がある。しかし、その反面では、①大政党では同一政党から複数の候補者が出て、同士打ちとなるので、選挙運動が個人本位となり、②個人後援会を維持するために、選挙資金が多くかかり、③選挙運動も政策本位とはならない、などの「短所」がある。

イギリスやアメリカの「小選挙区制」では、まず、①多数党が形成されやすく、政権の安定につながるし、②政党本位・政策本位の選挙運動となり、③選挙区が狭くなるので選挙資金が少なくて済む、などの「長所」がある、とされる。しかし、死票が多くなり、少数勢力は議会に代表を送れない、②その選挙区の有力者に有利で、地盤の固定化が進む、などの「短所」がある。

図表3 各選挙制度の「利害得失」

	提唱者の論拠（いわゆる「長所」）	反対論の論拠（いわゆる「短所」）
中選挙区制	・少数勢力も議会に代表を送るチャンスがある ・比較的多くの候補者の中から選べる	・同一政党から複数の候補が出て同士打ちとなるので個人本位の選挙運動となる ・個人後援会などで選挙資金が多くかかる ・政策本位の選挙とならない
小選挙区制	・多数党が形成されやすく，政権の安定につながる ・各党1人の候補で政党本位，政策本位の選挙となる ・選挙区が狭いので，選挙資金が少なくてすむ	・議席につながらない死票が多く，少数勢力は議会に代表を送れない ・地方の有力者に有利で地盤の固定化が進む
比例代表制	・多様な民意が鏡のように議会に反映される ・政党間の争いとなり，政策本位の選挙運動となる	・小党分立を招き，政局不安定となりやすい ・拘束名簿式の場合，候補者と有権者の関係が疎遠になる

欧州大陸諸国に多い「比例代表制」では、①多様な民意が鏡のように議会に反映され、②選挙運動は政党本位・政策本位となる、といった「長所」がある。ただ、①小党分立を招き、政局不安定となりやすく、また、②拘束名簿式の場合は、候補者と有権者の関係が疎遠になる、などの「短所」がある。

――こういう具合に説明がなされる。こうなれば、どれも一長一短で、ベストのものはないのだから、それぞれ上手に組み合わせていくしかない、といった結論となりやすい。わが国では、この種の議論があまりにも支配的であったため、折衷的な制度が採用されやすくなっている。第二章で見るように、中選挙区制の導入のときも、中間的な制度をとるという説明がなされている。また、「並立制」がとられたのも、中間的な制度として受け入れやすかったことが背景にあろう。

しかし、選挙制度論は、こういう技術論的なレベルに終始していてはならず、理念にまでさかのぼった検討が欠かせない。わが国の選挙制度論における最大の問題を、筆者はこの点に見ており、第二章でその点を詳しく論じることとしたい。

現代選挙の基本原則

本章の最後に、現代の選挙の基本原則に少しふれておきたい。ときに、旧ソ連や中国の選挙を形式的に、西側先進諸国と同列に論じているものを散見するが、それではいけないと考えるからである。

たとえば旧ソ連の選挙制度だが、小選挙区で行われていたことから、英米と同じような小選挙区制（多数代表制）と分類するものを見かけることがある。しかし、自由選挙の原則を欠く旧ソ連の選挙制度を、小選挙区制という形式から、英米と一緒に分類するのは、政治学的には誤解《ミスリーディング》を招くものといわなければならない。

この点で参考になるのは、ドイツの政治学者ノーレンの分類だが、競合的選挙と非競合的選挙の二つの類型を立て、両者の間に半競合的選挙を位置づけている。競合的選挙は日米欧の先進国のように、自由で、競争のある選挙である。それに対して、自由な立候補と自由な選挙運動が不可能な選挙は、競争がまったく排除された「非競合的選挙」として、西側先進国とは別に分類するものである。それは、旧ソ連のように小選挙区で行われようと、旧東欧諸国のように統一名簿方式で行われようと変わりない。また、いろいろ選挙干渉のある国の選挙は「半競合的選挙」として、両者の中間的なものに分類される（『選挙制度と政党制』）。

わが国で、並立制を厳しく批判する論者の中には、新制度と似たような制度がロシアや旧東欧諸国で採用されたが、うまくいっていないとして、失敗例に数え上げている人がいる（たとえば宮川隆義『小選挙区比例代表並立制の魔術』）。だが、これらの諸国は、「非競合的選挙」から脱したばかりで、いきなり「競合的選挙」をやろうとしているのであり、並立制という表面的な制度上の類似点だけを捉えて、一緒に論じるのは無理があると思われる。過度に形式的でない政治学的分類をしておくことは、こういう過ちを回避するためにも、重要なのである。

そこで、自由選挙の有無とその程度を判断するときの基準だが、最低限、次の五原則を確認しておかなければならない。いずれも政治学の教科書に必ず書いてある事柄である。

①「普通選挙」は、財産や納税額で選挙権を制限していた制限選挙に対するもので、一定の年齢に達した人のすべてに選挙権を与えるものである。②「平等選挙」は、一部の有産者に多くの票を付与するような不平等選挙に対するもので、一人一票のことである。③「直接選挙」は、有権者が中間選挙人しか選べず、中間選挙人が実質的な選挙を行う間接選挙に対するもので、有権者が直接に公職につく者を選ぶことをいう。

ここまでは、分かりやすいだろうが、旧ソ連や中国などとの関連で問題となるのは、次の二つの原則である。まず④「秘密選挙」だが、公開の場で挙手をしたり、自分の名前も書いて投票する記名投票だと、誰が誰に入れたかが分かるので、そうではなく投票の秘密が守られる選挙をいう。旧ソ連・東欧では、あらかじめ印刷してある投票用紙をそのまま投票箱に入れれば信任票となるが、それに反対の場合は別に設けられた記入所で記入しないことには、不信任票とならなかった。これでは周囲で見ている人に分かってしまうわけで、秘密投票の原則が侵されていた。

⑤「自由選挙」には、多くの条件があり、それをほぼ満たす場合に競合的選挙となる。不完全だと半競合的選挙となり、ほとんど満たされていない場合が非競合的選挙となる。まず、自由に政党など政治結社を組織でき、自由に候補者を立て、自由に選挙運動ができなければならない。また、有権者は自由に求める情報を得て、自由に判断し、それを自由に投票で示すことができなければならない。候補者と有権者をつなぐ意味で、報道機関の自由や、言論の自由も重要な意味をもつであろう。

旧ソ連でいうと、定数一の選挙区で選挙が行われていたのだが、立候補には共産党の推薦が必要であったから、候補者は一人だけで、選挙は信任投票とならざるをえなかった。旧東欧諸国は統一リスト方式だったが、議員定数ぴったりのリストを信任するか否かしか示せなかったので、ソ連の方式と実質に相違はなかった。これを小選挙区制と大選挙区統一名簿式などと、形式に沿って分けることには、ほとんど意味がない。

歴史的には、フランコ独裁の時期のスペインなど、まったく選挙の行われなかった場合もあるが、形式的にであれ選挙を行う場合が多いのはなぜか。――半競合的選挙や非競合的選挙であっても、選挙を行うのは、その政治体制が人々の支持を受けていることを装うための儀式であったり、形式的な選挙で人々の不満をそらすためであったりすることが多い。いずれにせよ、その政治体制に正統性を付与する機能を多少なりとも果たすのではないかと考えられて、行われてきたのである。

第二章　民主主義思想と選挙制度の類型

——各選挙制度はどんな理念にもとづくのか

民主主義の思想と選挙制度の理念

わが国では選挙制度というと、よく各制度の「利害得失」が語られる。また、そうでない場合にはいきなり、「選挙制度を考える場合、重要なのは民意の反映であり、選挙制度は公正なものでなければならない」といった特定の前提が置かれ、そこから一方的に「比例代表制がベストだ」というような結論が引き出される。

筆者は、いずれの議論にも強い不満を感じている。各選挙制度が、どのような民主主義の理念から主張されているかという、理念の問題が等閑に付されているからである。外国の選挙制度の文献ではこのようなことはなく、各制度と政治思想との関連にも言及がなされ、比例代表制論者としてのJ・S・ミルの主張や、多数代表制（小選挙区制）の論者としてのW・バジョットの主張が紹介される。ところが、わが国ではミルもバジョットも、名前すら言及されないことが多く、各制度がどのような民主主義観から主張されているのか、ほとんど顧みられない。

その結果、技術的観点や党利党略ばかりが幅をきかせ、政治的妥協などから中間的な制度が工夫され、支持を集めることになっている。中選挙区制は、後に詳しく述べるように、民主主義についての独自の理念がうかがえない制度だが、その中選挙区制が長く続いたのも、このことと無縁ではないと思われる。また実現可能性が優先的に考慮されたとはいえ、「並立制」のような折衷的な制度が採用されたのも、このことと関連しているものと考えられる。

先に、各選挙制度の理念は日本であまり顧みられない、と書いたが、それは実は戦後に限られる現象であって、戦前はそうではなかった。筆者も調べてみて驚いたのだが、戦前は美濃部達吉や吉野作造が主張したような立派な選挙制度論が存在しているのである。そうであるにもかかわらず、戦後になって悪い方に変わり、各選挙制度と民主主義の理論との関連が軽視されるようになったのである。

この章では、まず日本の選挙制度の変遷を確認したうえで、基本に立ち返り、選挙制度と民主主義の理念の関連につき、平易に解説していくこととする。そこでは選挙制度の二つの類型が、それぞれどのような民主主義の理念に立っているのか、その政治思想を探っていく。一つは、民意の公正な代表を重視する「比例代表制」であり、もう一つは、安定政権の創出を重視する「多数代表制」である。双方の代表的論者は、ミルとバジョットだが、ここでは読者が理解しやすいように、戦前の日本でそれぞれの代表制を主張していた美濃部達吉と吉野作造を先に紹介したい。その後で、ミル、バジョットの順に本格的な議論を見ていく。さらには、やや異なる視角から、興味深い議論を展開している、三人の論者の議論を見ていく。H・ケルゼン*、J・A・シュンペーター*、K・ポパー*の主張がそれである。

政治思想などというと、きわめて抽象的な議論が予想されかねないが、対象が選挙制度だから、かなり具体的であり、難しいことはない。また、このような議論にふれると、視野が広がって、別の見方もできるようになるのであり、ぜひ知っておいていただきたいものばかりである。筆者自身も、各選挙制度の政治思想を調べているうちに、選挙制度についての見解が、当初のものから次第に変化してきている。

日本の選挙制度と選挙制度論議

わが国で選挙制度論が混乱してきた理由としては、①選挙制度が長らく中選挙区制という例外的制度だったこと、また、②それを正当化する議論が広まっていたこと、が重要だと考えられる。そこでまず選挙制度の変遷をたどり、そこでなされた選挙制度論の特徴を簡単に見ておきたい。

最初の選挙法〈一八八九年〈明治二二年〉〉は、小選挙区を軸とする多数代表制である。二人区もあったが、そこでは二名連記であって完全連記制だから、欧米の多数代表制の原則からは少しも外れていなかった。ところが一九〇〇年〈明治三三年〉に、権威主義的な政治指導者だった山県有朋《やまがたありとも》*が、大選挙区単記制を導入したことから、日本独自の制度が始まった。これは選挙区の規模こそ異なるが、中選挙区制と同じ性質のものであり、府県を単位に単記制で選ぶ方法であった。

「山県の懐刀《ふところがたな》」といわれた政府委員の一木喜徳郎《いちききとくろう》・東京帝国大学教授は、これを、広く「府県内の名望の人士を選び」、「比例代表の趣旨」を達するため、と説明している。だが、これは表向きのことであり、山県の意図は別のところにあった。台頭しつつあった政党勢力（「民党」）を分断して、藩閥勢力の超然内閣（非政党内閣）を維持していくことである。法案の骨子は、二年前の伊藤博文《いとうひろぶみ》内閣のそれと同じだが、山県は独特の嗅覚《きゅうかく》から、この制度には政党を混乱させる要素があると、見てとっていたのであろう。

この制度は一九一九年（大正八年）に、原敬《はらたかし》*が小選挙区制に戻したことで中断されたが、わずか六年後の一九二五年（大正一四年）に、護憲三派内閣が中選挙区制というかたちで、同種の制度に戻した。以後、それが定着して、細川内閣での改正まで続いた（ただ戦後すぐに一回だけ占領軍の指示により別の選挙制度で行われている。そのときは大選挙区制限連記制であった）。

中選挙区制が導入されるとき、当時の内務省は提案理由をこう説明している（現代語訳は加藤）。「大小選挙区に関してはそれぞれ一利一害があるので……中選挙区とすれば、小選挙区制に伴う各種の弊害をなるべく減少させることができ、同時に……大選挙区制に伴う各種の不利益を大いに除去できる」と（阪上順夫『日本選挙制度論』）。

「利害得失」論に立った議論で、「ベストのものはない」から中間的なものをとる、という

図表4　小選挙区制・中選挙区制・大選挙区制

小選挙区制	・選挙区の定数が1	
大選挙区制（選挙区の定数が複数）	いわゆる「中選挙区制」	・選挙区の定数が3～5 ・必要に応じ都道府県を複数の選挙区に分ける
	いわゆる「大選挙区制」	・都道府県を分けずにそのまま選挙区とする

大選挙区を「中選挙区」と「大選挙区」に分けるのは日本独特の分類である

論理のパターンがうかがえる。しかし、実際には別の理由のためであった。三つの連立与党の間で、大選挙区制と小選挙区制で意見が分かれ、妥協から中選挙区制となったのであった。党利党略も働いており、三派（三連立与党）がそれぞれ当選者を出せるように、定数が三〜五名とされたことに、それが象徴的に表れている。

ちなみに大選挙区、中選挙区とは、日本でのみ通じる官庁用語であり、選挙区を府県単位にする場合を大選挙区制、必要により府県を細分する場合を中選挙区制と呼んでいるだけである（図表4）。いずれも、複数定数なのに単記制という点に変わりはなく、それにもかかわらず、それを別の制度のように議論している点は、選挙制度論からするなら逸脱である。このように、政界・官界レベルでの選挙制度の議論は、早くから特殊日本的なものになっていた。

また第一章で見たように、「少数代表制」という類型が、野村淳治・東京帝国大学教授によって唱えられ、以後どの書物にも書かれるようになっているが、そこでは、中選挙区制のような制度は、「少数派にも代表を送る機会を与えようとする制度だ」という説明になっている。その結果、日本的制度もまた、独自の理念を有するかのような印象が広まることになって、議論はさらに混乱することとなった。

ドキュメント選挙戦④　戦後初の選挙――一九四六年衆院選

戦後すぐの総選挙は、一九四六年四月一〇日に行われたが、選挙制度は制限連記制という特異な制度であった。従来の選挙制度では戦前と同じような議員が当選してくると考えた占領軍は、とにかく別の選挙制度で行うよう、指令を出した。方法は日本側にまかされたので、内務省は、「選挙の神様」といわれ、選挙制度に詳しかった坂千秋《さかちあき》次官の下で、「大選挙区制限連記制」という案をまとめた。

人口が特に多い七都道府県は二つに分けられたが、原則として府県が一選挙区となる大選挙区であった。人口に応じて定数が割り振られたが、三人以下の場合のみ単記制で、あとは連記制であった。四人から一〇人までは二名連記、それ以上は三名連記となった。

定数より少ない数しか書かせないから、制限連記制といわれた。

女性に初めて選挙権と被選挙権が与えられたときの選挙だったから、女性の立候補者も多く、七九人を数えた。新選挙制度のせいもあって、当選者は新人が八五％を占めた。まず、所期の目的は達せられたことになる。選挙制度に詳しい者が一人もいなかったGHQ（連合国軍総司令部）では、この結果に満足し、「これぞ占領行政の成果」といわんばかりに喜んだという。

しかし、意外だったのは有権者の投票パターンである。連記制であって、複数の候補者に投票できるものだから、一票は男性候補に、もう一票は女性候補に入れるという人が多かった。特に女性の有権者では、一人は女性候補者の名前を書く人が多く、「アベック投票」と呼ばれた。その結果、女性の当選者は一気に三九人にも上ったのだった。当初の予想は「せいぜい五、六名」とのことだったから、「予期せぬ出来事」と報じられた。ほかにも政党をまたがる投票が多く、東京一区では、自由党の鳩山一郎《はとやまいちろう》と共産党の野坂参三《のさかさんぞう》の連記票が相当数に上った。制度が変われば、投票パターンも変わるという一例である。

しかし、この制度は総じて関係者には評判が悪く、吉田茂《よしだしげる》首相は中選挙区制の復活に動いた。GHQはそれに不満だったらしいが、吉田はマッカーサーと直談判して、強行した。一度だけの制限連記制となったのである（草柳大蔵『内務省対占領軍』）。

美濃部達吉の比例代表制論

さて、ここから本格的に、各選挙制度の政治理念の検討に入っていく。順番はオーソドックスではないが、馴染みやすい日本の論者を先にする。

まず、戦前のわが国では、美濃部達吉がほぼ一貫して比例代表制を唱えている。だが、彼には「小選挙区制のヒーロー」と呼ばれた時期があり、政治史ではそれも有名なので、簡単に注釈を加えておく。

明治末期から大正にかけて小選挙区制を唱えたのは原敬であり、一九一二年（明治四五年）二月、原は内相として小選挙区制法案を提出した。これに対して枢密院や貴族院など旧勢力が、政党勢力の強化を図るものとして抵抗した。学者では穂積八束《ほづみやつか》や上杉慎吉《うえすぎしんきち》がそうであり、議会政治・政党政治をとるならともかく、日本はそうでないのだから反対というのであった。その主張の意味はいうまでもなく反政党政治であり、選挙で選ばれた議会の政党とは関係なく、政党勢力から超然として内閣を組織する「超然内閣」を擁護するものであった。

これに対して小選挙区制を支持したのが美濃部達吉であった。議会政治・政党政治のために、政党本位の選挙を考えていた彼にすれば、比例代表制が理想であったが、「政党の発達がなお遥かに欧州諸国に及ばない日本の現状」では未だ「不適当」だということから、この時期には小選挙区制を支持したのであった（「現行選挙法を非難す㈣」）。

議会政治・政党政治の是非の論争が背後にあり、「小選挙区制案をめぐる穂積、上杉と美濃部との対立は、やがて本格化すべき憲法論争の前哨戦《ぜんしょうせん》」の様相を呈した。中選挙区制と同類の、当時の制度を支持したのが、天皇主権説の立場から議会政治・政党政治に反対していた穂積や上杉であり、美濃部はその選挙制度が議会政治・政党政治の発展を阻害するとして、反対したのであった（三谷太一郎『日本政党政治の形成』）。

美濃部は、その後はストレートに比例代表制を説いている。政治史よりも、選挙制度論に関心のある本書では、こちらがより重要である（『現代憲政評論』）。まず中選挙区制の批判だが、次のような点を指摘している。――①選挙運動が候補者中心となり、費用が膨大となる。②政策の選択よりも個人的関係が重視され、買収など不正に傾きやすい。③死票が生じ、国民の意向を反映しにくいことである。

長所としては、方法が「比較的簡単であること」であり、そのほかには、「ただ少数代表の目的に適している」だけである。だが、少数派の代表も必要だというなら、どうして比例代表制を採用しないのかと、美濃部はいうのである。

そして、次のような理由から比例代表制を提唱する。①費用を「最小限度に節約」する、②選挙結果を「できるだけ正確に国民の意向を反映する」ものにする、③国民が「政党を監督し」「判断を表示しうる」ようにする、ためである。③の点は今日の表現でいうならば、「国民による政策のコントロール」を強めることである。

具体的には、全国一区の名簿式比例代表制を提唱しており、選挙を毎年一回行うというラディカルな提案もしている。この点については比例代表制論者の間でも議論があろうが、彼はこれくらいのことをしないと、議員は選挙が終われば勝手に行動すると考えていた。家永《いえなが》三郎《さぶろう》氏など直接民主主義に近い立場からは、「すこぶる傾聴に値する見解」と評価されている（『美濃部達吉の思想史的研究』）。このような立場は吉野など政治指導を重視する立場から批判されるが、それが重要な論点の一つであるのは、そのとおりである。

吉野作造の小選挙区制論

次は吉野作造の小選挙区制の提唱である。だが、きわめて著作の多い吉野には、ときに首を傾《かし》げたくなる発言が見られる。たとえば、大正末期に普通選挙制を導入する際に、中選挙区制法案を論評している論文では、選挙区制は理論的判断よりも、実際上の便宜を斟酌《しんしゃく》すべきで、いろいろ実験してみる必要があると、曖昧《あいまい》な記述をしている。これは彼の小選挙区制論と矛盾するものだが、普通選挙制論者の彼が、その実現を優先させ、妥協したものかもしれない。

これを除けば、吉野は小選挙区制で一貫しており、著名な民本主義論文などで、それを説いている。きわめて著名な論文であるのに、その中で展開された吉野の選挙制度論にあまり注意が払われていないのは、選挙制度論を軽視してきた戦後の知的風潮を反映するものであろう。

吉野は、中選挙区制について、複数定数の大選挙区ながら単記制という点に最大の矛盾を見ている。「一体、選挙法上の問題としては、小選挙区には単記、大選挙区には連記と問題はほぼきまっている」。大選挙区なのに「単記制を採るというは、今日どこの国にもその例を見ないばかりか、過去においてもまずそんな例はない」。だが日本では大選挙区単記制にしたために、「西洋の先進国でもかつて考えたことのない新たな問題にぶつかった」という。欧米の議論をふまえた、きわめて正統的な主張である。

そして、こう結論している。「今日の制度の如きは……欧米の立憲諸国では実際に、かつてその例を見ないだけでなく、閑《ひま》な学者がそんな方法もありうるなどと考えた事すらない。……これが実にわが国選挙界の精神を汚し、弊害を助長する最も重大な原因なるがゆえに、私は何よりもまずこの点の改正を希望してやまない」（『普通選挙論』）。

吉野の小選挙区制論はきわめて明快で、それは二大政党制論に由来し、イギリスに範をとったものである。責任内閣制、政党内閣制の「巧用」がうまく発揮させられるのは二大政党制の国であり、小党分立ではうまくいっていない、というのだ。

「大選挙区制や比例代表制のごときは、ともに少数党に代表の機会を与えるもので……二大政党樹立」をもたらさない。「議院多数党をもって内閣を組織する」という「制度の完全な運用には二大政党の対立を必要条件とする。ゆえにこの大勢を妨げる制度は他にいかなる理由があろうと、イギリスではほとんど識者の顧みるところとならない」(「憲政の本義を説いて其有終の美を済《な》すの途《みち》を論ず」)。

吉野の議論にはもう一つの特徴があり、それは「聡明なる先覚者」の指導を重視していたことである。大衆がそのまま影響力を行使するのではなく、代表を通じて政治に参加することをよしとしていたのだ。こういう彼は、指導者の選挙民に対する啓蒙《けいもう》を期待して小選挙区制を説いた。選挙は「政治的学習」「政治教育」の機能を担うべきもので、選挙民はより優れた人格の指導者に接することで、自らの人格を高めていくべきだとした。

「選挙民がこの人こそ是非とも出したいと熱望し、その熱望が選挙の結果に具体的にあらわれてこそ、選挙の趣旨が通る。この点から言って……小選挙区制が最も理想的なものである。大選挙区でなければ大人物が出て来ないなどと云うのはとんでもない愚論」である、と

(「小選挙区制の利害」)。

また、民主政治を多数決の政治と考える吉野は、イギリス流の議論で小選挙区制を擁護する。小選挙区制は少数派を切り捨てるものと批判があるが、それは「浅薄なる考え」であると一蹴《いっしゅう》する。そんな浅薄な考えに左右される者が少なくないが、小選挙区での勝負で仮に敗れても、「少数者は更に努力奮闘して他日の勝利を計るべき」というだけのことであり、その機会が奪われないのなら、何も問題はない、というのだ(『普通選挙論』)。

彼の議論を、今日の水準から見て評価してよいのは、無前提に比例代表制に反対しているわけではない点である。比例代表制を「認めるべき唯一の場合」を想定しているのだ。それは「少数者の利益なるものが先天的に固定している場合」であり、たとえば宗教や民族などで「多数少数の関係が初めから社会に固定し、政治上いかに努力しても、その間に融通の途が絶対に無い場合」であるとしている。この点で西洋には比例代表制が顧みられる場合もあるが、「かかる固定的利益を有する特別団体は無い」日本では比例代表制をとらない、としている(『普通選挙論』)。

西欧の中小諸国には、宗教や民族などで、多数・少数関係が固定的になっている場合があり、そこでは後に政治学者のレイプハルト*が『多元社会のデモクラシー』などで説いたように、比例代表制のような妥協的政治手法で国内の分裂が回避されている。それは、「多極共《コンソシエー》存型民主主義《ショナル・デモクラシー＊》」として注目されているが、吉野は、そのような国なら比例代表制がよいとしているのである。彼が戦前にこれに近い理論をどこから学んだのかは分からないが、このことは彼の議論の水準の高さを示すものといってよい。

J・S・ミルの比例代表制論

これまでは、主要な選挙制度である比例代表制と多数代表制（小選挙区制）を、わが国でそれぞれ提唱してきた美濃部達吉と吉野作造の議論を見てきた。だが、選挙制度論の古典といえば、J・S・ミルの『代議制統治論』（一八六一）と、バジョットの『イギリス憲政論』（一八六七）は、どうしても見逃せない。以下では両者について検討する。

ミルの著書は一八七五〜七八年（明治八〜一一年）、バジョットの著書は一八八三年（明治一六年）に邦訳され、その後も何度か新しい訳が出版されているが、なぜか他の部分は紹介されても、そこで展開されている二人の選挙制度論は、あまり知られないまま今日に至っている。

まずはJ・S・ミルから説明する。彼は、同時代の弁護士ヘアーの唱えた比例代表制に共鳴し、『代議制統治論』で導入を訴えたのであった。イギリスは小選挙区制で知られるが、完全な小選挙区制は戦後のことであり、当時は二人区二名連記制であった。一人一区の小選挙区が二つ抱き合わせになったようなもので、多数代表制の一種であったから、大政党の候補者ばかりが選ばれ、「少数派はまったくといってよいほど選ばれない」でいた。つまり、全国にバラバラに分散している少数派は、一人も議会に代弁者をもてない状態だった。ミルは、これは「事実上、選挙権の剝奪《はくだつ》」に等しいものとして、この制度を批判したのである。

移譲式比例代表制ともいわれるヘアーの案は、次のような方式の比例代表制である。議席数と投票数からして、当選に必要な票数が計算されるが、その数（当選基数）を上回った候補者を当選とし、その候補者に余分な票がある場合、ムダにならないよう、次善とされた候補者に回してやる方式である。

具体的には、投票の際、好きな順に候補者に順番をつけておけばよい、としていた。第一の候補者の当選が決まったなら、多すぎて余分な票は次善の候補者に回してやる方式である。こうすれば「少数者の諸集団は、当然有すべき大きさの力を正確に有するようになる」とした。

比例代表制にはほかに名簿式などがあり、移譲式に限らないが、各党の票数に応じて議会に代表を出すべきであるとしたミルの主張は、この部分ではオーソドックスな比例代表制論である。今日、ミルが代表的な比例代表制論者とされるのは、ここに理由がある。「数に比例した代表」ということこそが「民主主義の第一の原則」であるべきだとして、「公正」の概念を軸に選挙制度論を展開したのである。「この国のどこに住んでいても、一選挙区の平均選挙民数さえ集まれば、選挙民は互いに連合して代表を選出できるという制度でないなら、代表の真の平等は達成されない」という主張に、それが明確に見られる。

ミルは、ほかにも次のような主張をしていた。ここからは、比例代表制の論者の間でも意見が分かれるところで、異論も少なくなかろう。ミルが、広い選挙区からよい候補者、「高度の知性と人格をもつ指導者」を選べることを重視していたことである。

それまで有権者は、狭い選挙区の中で、誰にも投票したくない状態に置かれることがあったが、この制度なら「その国のすべての立候補者から、最も好ましいと思う人に投票できる」。この点をミルはきわめて重視しており、全国一区での選挙としたいという点や、自分の案を「個人代表制」と呼んでいたことに、それが読み取れる。

この主張は、その後の比例代表制論者があまり強調しない点だが、この観点に立つと、比例代表制で最も一般的な拘束名簿式はとれないこととなり、比例代表制でも、移譲式など、別の方式をとらないといけない。わが国の参議院は二〇〇〇年に、比例代表制を拘束名簿式から非拘束名簿式に代えたが、この新方式はミルの議論に近いものといってよい。だが、どのような作用が働くかは、別に検討しなければならない。

このようなミルの主張については、次に見るバジョットが重要な批判を展開しているが、ほかにも政治思想の領域では、C・J・フリードリッヒ*の批判が見逃せない。簡単に見ておくと、次のようなことである（『立憲政治と民主制』）。――ミルは、有権者の声が等しく重視されないのは不公正だとして、「公正《ジャスティス》」（正義）の理念から比例代表制を説いているが、それだけが「公正」の概念だろうか、としてフリードリッヒは批判する。少数派に配慮せざるをえないために、決定を下す時期が遅れたり、決定が下せなくなったりしたら、それは公正といえるのか、というのである。

そしてフリードリッヒはこう書いている。――「政治における公正の問題は、衝突する諸要求の調整という問題である。それゆえ、代表者の選挙は常に、諸要求のうち、いずれかの縮小を要する。諸要求の調整が理に適《かな》っているとき、公正が達成できるのである。多数派の要求は、どんな少数派の要求よりも重要と考えられよう。代表制は広く捉えられなければならない」。どうやら「ミルは少数派に配慮して、多数派を疎《おろそ》かにしていたようである」。

こういう考えに対しては、すぐに批判が出るかもしれないが、いずれにせよ、「公正」という概念ひとつをとっても、政治思想のうえでは難しい問題を孕《はら》んでいるのである。政治思想を無視して単純な議論をしていてはならない、ということが確認できれば、十分である。もう一人の鍵となる思想家、バジョットの議論に進もう。

バジョットの多数代表制論

このようなミルに対して、バジョットは『イギリス憲政論』で、多数代表制を説いている。後の章で詳しく論じるように、選挙制度は議院内閣制か大統領制かなど、その国の政治制度と関連づけて論じられねばならないが、バジョットはイギリスのような議院内閣制を前提として選挙制度を論じている。

比例代表制には死票の少ない点など、「いくつかの長所を指摘できる」が、「長所をすべて無にするような欠点」があるという。それは「首相の選出」という、議会の最も重要な機能を果たしにくくなるなど、議院内閣制に必要な前提条件と相いれないことである。議院内閣制では、安定した多数派（いわゆる「機能する多数派《ワーキング・マジョリティ》」）が形成され、政局の堅実な運営を可能にすることが重要で、その目的に適うのは多数代表制だというのである。

フリードリッヒの表現を借りると、議会は立法機関としてのみ考えられがちだが、議院内閣制では「政権の基盤をつくることが」最も重要で、立法機能はそれと「同じほどの重要性はもたない」のである。大統領制ならば「社会の諸集団をそれぞれの勢力に応じて比例して代表させる」制度にも利点はあろうが、議院内閣制ではそうでない、というのである（前掲書）。

バジョットはほかにも次のような理由を挙げて、比例代表制を批判している。比例代表制の下では党議による拘束が強まり、議員は「身動き」できなくなる。そこでは議会は「国内の『主義』をそれぞれ代弁する、自我の強い、それゆえ偏狭な議員から構成される」ことになってしまう。本来、「議員は中庸を得た意見をもって」いなければならず、「さもないと過激な内閣を選任し、圧政的な法律をつくるに至る」のだが、比例代表制では、イデオロギー的勢力、特定利益の代表者が議席を獲得し、議会は「温和で公正な人物からなる慎重な会議体ではなく、雑然とした、ありとあらゆる熱狂が渦巻く場となるに違いない」というのだ。

また、有権者と議員の関係があまりにも緊密になると、議員は選挙民の代理人となって、独自の判断で行動する自由を失うことになってしまうが、それでは議会政治に反することになるという。今日の議会政治は「国民代表」の観念に立脚しており、それによれば、議員は選挙民によって選ばれるものの、いったん選ばれた後は自立した存在でなければならないのだが、比例代表制の下ではこの理念が弱まるという。議員が自分を選んだ選挙民に拘束され、その「代弁者」になってしまうというのだ。

それに対して小選挙区制では、選挙区に多様な人がいるから、「厳格な統一的信条によって団結」してはおらず、「特定の主義信条に対して漠然とした好悪の態度を示しているだけである」。そこで多数派を形成しなければならないのだから、一部の有権者の代弁者のようなことにはならないというのだ。

選挙民との間にある程度の距離が保たれ、議員の自立的行動が許されるので、円滑な議会政治が可能になるという。後で検討するように、この主張は、経験的な検証に委ねられねばならないが、確かに考慮すべき重要な問題を含んでいる。

ケルゼンの比例代表制論

以上が、比例代表制、多数代表制という二つの類型についての代表的な議論である。だが、このほかにも、あまり言及されないものの、重要な選挙制度論がある。その中ではケルゼン、シュンペーター、ポパーの議論は特に重要だと思われるので、簡単に紹介しておくこととしたい。

まず法哲学者のH・ケルゼンだが、『デモクラシーの本質と価値』（第二版、一九二九）の中で選挙制度にふれている（訳語・訳文は加藤）。多数決原理の本質を考察した同書で彼は、多数決原理の下でも少数者の発言が封じられてはならず、多数派と少数派が相互に影響を及ぼす中から、よき社会的意思が生じてくることを強調した。それは「とりわけ議会制民主主義に妥当する」のであり、「議会の全手続きは、主張と抗弁、議論と反駁《はんばく》を目指した、弁証法的・矛盾背反的な技術を」含み、「妥協を引き出すことを目的としたもの」になっている、というのだ。

「ここに現実の民主主義における多数決原理の本質的意義が存在」しているとし、「多数決原理はむしろ多数・少数決原理」と呼ぶ方がよい、としているのは有名である。そして、そこから選挙制度として比例代表制を説いている。「多数の意思が無制限に少数の意思を支配するのを防ぐ」からである。多数代表制では「多数派のみが選ばれ、少数派が選ばれない」が、野党が弱すぎると、妥協を引き出す「議会手続きは本来の意味をまったく実現できない」こととなる。

このケルゼンの議論は、ミルの論点を強化したものとして注目される。民主主義は多数決の政治だといっても、多数決原理の理念からして、少数派の排除は、多数代表制の場合のように、議会の前で適用されてはならず、多数決原理は議会の中でこそ適用されるべきものだ、というのである。

また、一般に比例代表制への反対論として、小党分立から連立政権が不可避となり、妥協的な政治運営から、政治責任も不明確となるという議論があるが、彼は「その傾向は見られるものの、よく検討すると」別の側面が浮かび上がり、積極的に評価できるとしている。つまり、政治には「小異を捨てて重要な利益のために結合する」提携関係がつきまとうが、多数代表制の下では、政党数が限定されたり、候補者が調整されたりして「有権者レベルで」妥協がなされるのに対して、比例代表制ではそれが「議会のレベルに移っていく」だけだというのだ。

だとすれば、「できるだけすべての政党の意見が表明され、相互に競争に入り、その後で最終的に妥協がなされる」には、「比例代表制に立脚した議会の手続きが」ふさわしい、というのである。これは単純なかたちで論じられがちな問題に、別の光を当てた重要な指摘である。つまり政治は、バラバラな意見をまとめる集約の機能を、どこかで果たさなければならないのだが、選挙制度によってそのレベルが異なってくるのである。意見の集約を早い段階で、候補者を限定するかたちで行うのが、二大政党制の下での多数代表制だとすれば、それを選挙の後に議会レベルで行うのが比例代表制だというのである（これに近い主張は三宅一郎『投票行動』第一章にも見られる）。

シュンペーターの小選挙区制論

J・シュンペーターは『資本主義・社会主義・民主主義』（一九四二）において、現代的な民主主義理論を提示しているが、その中で多数代表制を主張している。従来の民主主義理論（「古典的民主主義学説」）が、国民の現実の姿をあるがままに直視せず、政治的指導者（政党や政治家）と国民の役割分担を肯定しないできたために、ヒトラーの台頭を招くなどして挫折《ざせつ》したと批判し、民主主義の理論の大胆な修正を図った。

国民が直接に政策をコントロールできない現実を認め、政策決定に携わる政党・政治家をコントロールできるシステムを整えることで、間接的ながら政治のコントロールを実現しようとするのである。経済学者の彼はその方向を、政治指導者の間の有効な競争の実現に求めた。競争的な自由市場の下で、消費者が生産者を方向づけ、うまくコントロールできるのと同様、政治指導者の有効な競争を実現できれば、有権者の求める政策が実現されると考えるのである。

そこでは責任は主に、政党や政治家など指導者に向けられ、国民に過大な期待を抱いていないのが特徴で、それを「民主主義のもう一つの理論」と呼ぶ。古典的学説では、「民主主義の制度の第一義的な目的は、選挙民に政治問題の決定権を帰属せしめることで……代表を選ぶのはむしろ第二義的なこととされる」が、「二つの要素を逆にして、決定を行うべき者の選挙を第一義的なものとし、選挙民による問題の決定を第二義的たらしめよう」というのだ。

国民の役割は、政府・政権の形成と選択にあり、ここで選挙制度が重要となる。そして、その際、注意しなければならないのは、彼が「政府の形成」ということで、いくつかの政党から政権担当政党を選択するというよりも、現与党を野党に転落させ、「政府を追放する機能」の方を重視していることである。「選挙民は通常、指導者に対しては、その再選を拒否するか、それを支えている議会の多数派の再選を拒否するという方法以外には、なんらコントロールの手段をもって」おらず、適切に政権交代が生じる制度が死活的に重要なのである。つまり、現在の与党が不適切なときに野党に転落させるというメカニズムを重視しているのだ。そこから比例代表制が批判され、多数代表制が支持されている。

選挙の後には、政府に大幅な決定権を認めるのであり、それを超えて国民が「政府をコントロール」しようとする考えは「民主主義的方法の精神に反する」という。「民主主義の原理は単に、競争する個人・集団の中で最も多くの支持を集める人々の手に政権が渡されるべきだ、ということを意味するにすぎず」、多数代表制が主張されるのである。

これは彼の政党に対する見方とも関連している。政党は一般に、一八世紀イギリスの政治哲学者E・バークのように「構成員の間で一致する特定の原理」に従って行動するものと考えられているが、シュンペーターは政党の主義・主張は「百貨店の商品の商標」のようなものにすぎず、本質的ではないとする。結局「政党とは、政治権力を得るための競争で、共同して行動するのを目的として集まった人々の集団にすぎない」というのだ。野党に転落しかねない恐れや、与党になりたい気持ちから、国民の意向を考えるだけだ、とされるのである。彼の民主主義論もまた、今日的な選挙制度を考える際、避けて通れないものである。

ポパーの小選挙区制論

もう一人は、二〇世紀を代表する哲学者K・ポパーだが、その選挙制度論はほとんど知られていない。彼は、一九四五年に著わした『開かれた社会とその敵』などで、「流血を見ることなく、政権を交代させる可能性」のある体制が民主主義だという理論を展開していた。その政治思想を選挙制度に適用した場合、どのような結論になるかを、一九八七年の論文(「民主主義の理論について」)で示している。短い論文ではあるが、シュンペーターに近い議論を独自の民主主義論とからめて述べたものであり、今後、必読文献とされるべき重要な論文である。

二大政党制になると、彼の考えている民主主義のメカニズムがうまく作動することを説き、比例代表制の下ではそれが難しくなるとの考えを、明快に説いている。ここでは伊藤光彦氏の紹介論文(「歪みの場としての民主主義」)を参考にしながら、少し長めの引用を交えて、紹介していくこととする。

ポパーの民主主義の基準はまったく単純明快で、「流血を見ることなく、投票を通じて政権を交代させる可能性」があるか、否かである。民主主義を「国民の支配」と考える理論が多いが、どの国でも国民が直接に支配しているわけではなく、実際に支配しているのは(少数からなる)政権担当者なのである。そこで民主主義を「国民の支配」とするような伝統的な立場をとらず、独自の基準を設定している。その基準から見ると、政権の交代可能性が、現実にどのように担保されているか、という一点に焦点を絞って、分析していけばよいことになる。

その基準をポパーは、「流血を見ることなく、現政権を政権の座から追い出す可能性」の有無と言い換えている。この基準からすると、全体主義体制や権威主義体制などが、自由民主主義体制とは異質の体制とされ、批判されるのはいうまでもない。だが、ポパーはそこにとどまらず、広義の自由民主諸国の間に存在している相違をも、議論の射程に入れていく。彼のいう意味での政権交代可能性が、どの程度あるのか、そのレベルでの相違についても、先の基準を「ものさし」にして、分析してみようというわけである。そこで重要な論点となるのが、選挙制度と政党制である。

まず、シュンペーターと同じような議論をこう展開している。権力の座から「追い出される可能性のある政権は、人々を満足させるべく行動〔政治運営〕する、強いインセンティヴ〔誘因〕を有している。追い出される可能性がないと分かると、このインセンティヴは働かなくなる」と。――長期的に政権交代のない政治体制がよくないことを巧みに説いた文章である。

そして選挙制度へと議論が進むが、比例代表制への批判が明快で分かりやすい。――「比例代表制で選出された議会は、民意をよりよく反映する鏡である、との考えは誤っている」という。彼の考えでは、総選挙の「投票日は、現政権がそれまでやってきたことについて、国民が可否の判定を下す日とすることができるのだし、そうすべきなのだが」、比例代表制の下では「それが困難になる」。つまり、与党が政権から追われるべきなら、その党は野党に転落させられなければならないのだが、比例代表制の下では、そう明快には事が運ばないというのだ。

問われなければならない決定的に重要な点は、「比例代表制が次の二点につき、実際にどういう結果をもたらすかである。第一は、政権の樹立についてであり、第二は、政権から追い出す可能性があるかどうかである」。「第一点では、政党の数が増えるほど、政権樹立は困難になる。……二党しかなければ政権樹立は簡単だ。だが、比例代表制の下では、小党もまた政権樹立で大きな影響力——ときには決定的な影響力——を行使するのが可能となり、与党の政策決定にも影響を行使できるようになる」。

第二の、「国民の投票で現政権を野党に転落させる」ということでは、比例代表制は「それ以上に悪い結果をもたらしかねない」。政党が多くなり、どの党も過半数に達しないようなことになると、あとは政党の連立工作に委ねられてしまう。「有権者の多数派が現政権を拒否しても、それが実現するとは限らないのだ」。仮に、それまではある党が単独政権を担っていたとすると、その党が多数派に拒否されれば、「過半数を失うこととなる。だが、比例代表制の下にあっては、依然として第一党であり続ける可能性が大きく、そうなれば小党を巻き込み、連立政権を樹立しうるのである」。

また、こういう事態では、小党による過剰な影響力の行使につながりかねないが、それは、比例代表制論者の主張、つまり、「票数に応じた政党の影響力という、比例代表制の基礎にある理念」とは、「グロテスクなまでに正反対のもの」となる。

結局、二大政党制がポパーの理念と最も適合するのであり、彼はこう書いている。——「私には二大政党制を可能にする形態こそが、民主主義の最善の形態と思われる。その形態は政党を何度も自己批判〔自己改革〕に導くからである。二大政党の一方が選挙で明白な敗北を喫すると、ふつうなら同党内では根本的な改革がなされることになる。競争の結果そうなるのであり、有権者の明確な否定的判断の結果そうなるのだ。このことは看過されてはならない。両党はこのシステムによって、誤りに学ぶことを強いられることがあるのであり、そうでなければ没落することになる」。——小選挙区制によって二大政党制が生み出されることを期待した議論であることは、いうまでもない。

ポパーは、比例代表制が小選挙区制よりも、モラルの面で優位にあり、より公正で、より民主的な選挙制度だというような考えは、「国民の支配」という「時代遅れの民主主義の理論」に立脚するものだと批判する。つまり、現在では、ポパーのような民主主義の理論、つまり「多数派による〔現与党の〕政権からの追放という理論」に取って代わられており、「時代遅れ」になっている、というのである。

このようにポパーは二大政党制を讃美するのだが、それは彼のこれまでの主張――多元的価値観を尊重する「開かれた社会」の理念――に反してはいないのか、という批判が予想される。そこで、彼はこう書いている。「政党の役割とは、与党は政権を営むことであり、野党は政府・与党を批判的に監視していくことである。そして、多元的な見解、イデオロギー、宗教・宗派に対する政府の寛容が保たれているかどうかを監視することは、〔野党が担うべき〕批判的な監視活動の一部なのである」。したがって、「イデオロギーや世界観の多元性が、〔そのまま〕政党の多元性に反映されねばならないとの考えは、私には、政治的に誤ったもののように思われる」というのである。

ポパーの主張は、日本では特に重要な意味をもつ。比例代表制論者のナイーヴな見解には、彼のいう「時代遅れ」の民主主義論が色濃く残っているからである。もちろん、選挙制度と政党制は、ポパーがいうほどストレートに結びついてはいないから、後で述べるように、よく検討してみなければならない点が残されている。ただ、連立政権の場合に、国民の選択が曖昧になる点を突いた議論は、やはり重要である。この点は、わが国でも選挙制度改革のときに多少はふれられたが、ポパーははるかに雄弁に主張しているのである。

ドキュメント選挙戦⑤　安保改定の百日選挙――一九六〇年衆院選

一九六〇年は「安保の年」として語られる。四月、五月、六月と安保反対のデモが繰り広げられ、日本中がアンポ一色となった観があるからだ。

経緯はこうである。――岸信介《きしのぶすけ》・自民党内閣は、旧日米安保条約の中で日本側に不十分だった点を改め、新安保条約を結んで国会に批准を求めた。野党は徹底抗戦の構えで、国会は紛糾した。自民党が五月二〇日に衆議院で単独採決すると、国会はさらに空転することとなり、国会の内外から解散・総選挙を求める声が出た。「安保反対」に加え、「強行採決」に対する批判で「議会制民主主義を守れ」の声が高まり、デモはさらに広がった。だが六月一九日、新条約は参議院の議決なしに自然承認となった。岸首相は辞意を表明し、池田勇人《いけだはやと》が後継となった。

選挙はその先である。一〇月二四日に衆議院は解散されたが、与野党の暗黙の了解による解散だったため、「百日選挙」などといわれた。事前運動が長期にわたる総選挙だったのだ。一一月二〇日が投票日である。

最初は当然、安保が争点となるかと思われた。自民党の「安保保持」に対し、社会党が安保反対で「中立」政策を唱え、民社党は安保条約の「段階的解消」を主張した。三党首による初めてのテレビ討論も行われた。だが、「寛容と忍耐」をスローガンに、低姿勢を売りものにした池田は、「所得倍増」を唱え、経済問題に争点を転換していった。野党も結局は、「経済二重構造の是正」などを主張して対抗せざるをえず、ムードは大きく変わっていく。

結果は、自民党が解散時よりも一三人増やし、二九六人となり、社会党も二三人増で一四五人となった。敗れたのは民社党で、四〇人が一七人へと激減した。

デモが高揚していた頃、岸首相は「首相官邸付近は騒がしいが、球場は満員だし、映画館や銀座の人出は変わらない」と発言して、話題になった。デモの声ではなく、「『声なき声』に耳を傾ける」と語っていたのだが、選挙結果を見るかぎり、あながち強がりとばかりいえない面があったようだ。投票率も七三%であり、戦後八回で下から三番目の低さであった。

また、なんといっても、ピークの時期に選挙をせず、ほとぼりのさめるのを待って総選挙とした作戦勝ちかもしれない。また、時代の「空気」を変えた池田周辺の演出も見事であった。初の党首テレビ討論でも、理詰めで正攻法に出た西尾《にしお》末広《すえひろ》・民社党委員長は、プロには好評でも、大衆受けしなかったのに対して、大まかな論理の池田首相や、ソフトムードの江田《えだ》三郎《さぶろう》・社会党委員長代行は、茶の間の雰囲気に合っていたといわれる。テレビの普及とともに、「イメージ選挙」の時代に入りかけていたことを感じさせる総選挙でもあった。

選挙制度の政治思想の検証

これまで主要な選挙制度論を見てきたが、選挙制度は理念だけで語れないのも確かである。これらの議論が、どれだけ現実に適合するものか、チェックしなければならないのである。その点は、第五章で詳しく検討していくが、この章を締めくくるにあたって、ここでは右のような議論に含まれている論点のうち、あまり詳しい検討のいらない事柄にかぎり、簡単にふれておきたい。筆者は、選挙制度の理念を語る必要性を強調する者だが、現実離れした抽象的理念への耽溺《たんでき》を勧めるつもりはないからである。

まず、ミルの議論では、移譲式の比例代表制により、広い選挙区で数多くの候補者の中から、「高度の知性と人格をもつ指導者」を選びうる利点が強調されていた。しかし、事はそう単純ではない。有権者がその気になって選挙に取り組むのなら別だが、熱心でなければイージーな選択となる。古くは参議院の旧全国区で多くのタレント議員が誕生したことがある。また、そこまでひどくはないものの、最近では二〇〇一年の参議院の非拘束名簿式で、知名度のあるタレント候補が多くの票を集めた。シュンペーターのように、有権者があまり熱心でなくとも、うまく作動する政治システムを考えようという観点からは、ミルのこの議論は疑問視されなければならない。この点は第三章で改めて「情報コスト」の問題として論じる。

次にバジョットの議論では、政治家と候補者の距離をどうとるかが重要な論点になっていた。比例代表制では一部の組織の言いなりになる議員ばかりになってしまうのに対して、小選挙区制ではいろいろな有権者がいるので、適切な距離が保ててよいというのだ。だが、これまた、わが国の中選挙区制の経験からすると疑問である。大半の有権者とはあまりにもルーズな関係になり、「公約」も守られないという現実がある一方で、一部の利害関係者や「地元」との関係は、緊密すぎるほど緊密になっており、政治家は身動きがとれなくなっていた。バジョットのこの議論は単純すぎるのであり、もう少し突っ込んだ検討が必要なようである。

逆に美濃部達吉の議論では、選挙民による議員のコントロールは可能なかぎり強力に、という主張が前面に出ていた。毎年、総選挙をせよという主張にもそれが見られるが、それでは代議制の下での政治家のリーダーシップという点で問題はないのか。「政治家は有権者より半歩前に出て行動せよ」などと語られるが、あまりコントロールが強いのでは、既得権擁護の勢力など、どこかから抵抗が出てきて、改革は進めにくいこととなる。統治能力《ガヴァナビリティ》と選挙制度というテーマに連なる大問題だが、これまた単純には考えられない問題である。

吉野作造の議論では、「候補者と選挙民の人格的関係」を深めるには、小選挙区制がよいとされていたが、これなども現代の日本を念頭に置いて考えると、やや現実離れした感じを受ける。また彼は、腐敗選挙に心を痛め、普通選挙が実現すれば有権者が急増し、負担がきわめて大きくなるから、候補者は買収やそれに類する行為はしなくなるだろう、と論じていた。だが、この楽観的な見通しは外れ、普選の実現後、腐敗選挙はさらに悪化した。それでも彼は「いずれ行き詰まる」と楽観的に見ていたが、この予測も外れて、政治腐敗はさらに深刻になった。政治とカネの問題など、選挙制度を論じるときは、希望的観測などを排して論じなければならない、との教訓をここから引き出すことができよう。

ケルゼンの議論にしても、「議会の中での妥協」が重視されていたが、疑問が残る。近年、急速に進んでいるわが国の国会研究によれば、わが国の国会は自民党が安定多数を占めていた時期においても、きわめて「妥協的」な国会運営がなされていたとされる。各党の国会対策委員会を中心に、裏で取引しながら国会を運営していく「国対政治」がそれだが、こういう「妥協」も評価するのか。でないとすれば、どういうかたちの「妥協」ならよいのか。これまた、詰めた議論をしなければならないことである。

シュンペーターの小選挙区制論にしても、疑問を提出できる。彼の議論に近い線から、比例代表制を説くことも可能だと考えられるのである。拘束名簿式の比例代表制なら、漠然とした政党イメージだけで有権者は意味のある投票をできるのであり、その一票で現政権への満足・不満足を簡単に示すことができるからである。

ポパーの議論では、選挙制度と政党制の関係が鍵となるが、今日の政治学の水準からすると、その点についての主張が多少、単純にすぎることは否定できない。これは第五章の中心的テーマであり、そこでじっくり検討しよう。

政治思想に近い選挙制度論は、このように現実と照らし合わせていくと、いろいろ議論ができる。古典と呼ばれるものは、すべてがそうなのだろうが、そのまま受け取るという姿勢よりも、そこから何かを学び取って、あとはわれわれが現代の日本に合った議論をしていけばよいということである。古典を無視するのもよくないが、古典ばかりでも困るのである。

第三章　選挙制度の細目とその作用

――細かな違いがときには結果を大きく変える

選挙制度について論じるときには、民主政治をどう考えるか、その理念にもとづいて考えていかなければならず、各制度の理念の重要性はいくら強調しても強調しすぎることはない。「各選挙制度には利害得失があり、選挙制度にベストのものはない」などという前置きから、イージーな折衷的な案が出されやすい日本の知的風土では、特にそうである。

だが、だからといって、あとはすべて技術的問題だ、ということにはならない。多数代表制、比例代表制にもそれぞれ、いろいろな制度があり、その細目の相違もときに重要な相違を結果としてもたらす。この章では各制度の細目について述べていくが、あくまでも重点はその政治的作用に置き、あまり技術的な説明にならないようにしていく。だが、それでも難しすぎると感じられる場合は、比例代表制の計算方式やドイツの「併用制」の説明など、技術的な部分は飛ばして読んでいただいて差し支えない。

移譲式と名簿式の比例代表制

まずは広く比例代表制と呼ばれる制度の中の様々な方式についてである。わが国では長らく、比例代表制といえば拘束名簿式のようなものだけが考えられてきた。参議院がそうであったし、並立制導入では衆議院もそれを採用した。しかし、二〇〇〇年に自民党・公明党・保守党の与党三党が、参議院の制度を非拘束名簿式に変えたので、他の制度の存在も広く知られるようになった。

そのときの改正の謳い文句は、「政党だけでなく、人も選べるようにしよう」ということであったが、本当にその目的が実現できるのだろうか。——最初に比例代表制の様々な方式の違いについて少し体系的に説明し、そのうえで、「党か人か」という問題について論じていきたい。

比例代表制は、なんらかのかたちで名簿を使うものと、そうでない移譲式に大別される。
①単記移譲式
名簿を使わない方式としては、単記移譲式があり、アイルランドで採用されている。J・S・ミルが主張したのはこの方式だが、最初の提唱者の名前をとって「ヘアー式」とも呼ばれる。簡単にいうと、有権者は好きな候補者に投票し、多く取りすぎた候補者が出た場合、その票をムダにしないよう、(同じ党の)他の候補者に回してやり、党としては得票に比例して議席を得られるようにするものである。

具体的には、こうである。——有権者は選好順位をつけて投票し、第一番目の候補者の当選が決まったら、当選に必要な票を超える分について、その票を第二番目の候補者に回してやる。有権者が同じ党の候補者に順番をつけておけば、政党として比例的に議席が得られる(ただ、同じ党の候補者でなくてもよいことにすると、政党として比例的になるとはかぎらない)。

中選挙区制ではトップの候補者が取りすぎた票も、そのまま放置されたが、この方式はそういうムダな票をなくし、次善、三善の候補者に回してやって、生かすものである。

②名簿式比例代表制

移譲式でないものはすべて、なんらかのかたちで政党の名簿を使う方式である。政党が候補者の名簿を提出し、それにもとづいて選択してもらい、議席を比例配分するのである。ただ、候補者の順位決定をすべて政党が行うものから、順位決定に有権者を関与させるものまで、いろいろな方式がある。一般の書物では、日本語の名称が分かりにくいため、複雑な印象を与えかねないが、英語の名称では簡単であり、それを示すと容易に理解できる。選択を許さないものから、完全に自由な選択に委ねるものまで、順に並べると、次の四つがある。

(1)クローズド・リスト(厳正拘束名簿式) 衆議院で用いられており、一九九八年まで参議院でも採用されていた方式がこれである。政党がつけた順番に即して、上位の候補者から当選となる。

(2)フレキシブル・リスト(単純拘束名簿式) ベルギーなどが採用している。いちおう順位がついているが、有権者も候補者について選好を示すことができる。個人への投票も可能であり、個人票は点数化されて集計される。点数を多く集めた候補者は順位が上がっていく。このように投票の具合で多少、順番が変わる余地のある方式である。

(3)オープン・リスト（非拘束名簿式）　参議院が新たに導入し、二〇〇一年に初めて実施した方式がこれである。候補者名簿に順位はなく、有権者は政党名でも候補者名でも投票できる。各党の議席は、その党の政党票と所属候補者の個人票を合計し、それでもって比例配分されて決まる。その党の中での順番は、個人票の票数で決まり、個人票を多く取った候補者から、順に当選となる（参議院は二〇一九年からの特定枠導入で多少変化した）。

(4)フリー・リスト（自由名簿式）　スイスで採用されている。政党はいちおう定数分の名簿を提出するが、有権者は定数の数だけ候補者を自由に選べることになっており、完全連記制に近い選択方式になっている。きわめて自由な選択を許す比例代表制である（スイスでは別の政党にまたがってもよく、名簿にない人への投票や、同一候補者への複数の投票〈累積投票〉まで認めている）。

以上、四つの方式があるが、有権者が選べる範囲を広げるほど、政党本位の選挙から遠くなる傾向がある。つまり、拘束名簿式が最も政党中心の選挙で、フレキシブルな名簿だと、多少、候補者本位の運動で当選に近づける。さらに非拘束名簿式となると、さらにオープンになり、わが国の参議院に導入されて明らかになったように、かなり候補者個人の競争が入ってくる。フリー・リストではかなり性格の異なる選挙運動となる。

選挙での情報コストの問題

以上が、多様な比例代表制の方法だが、それをどう評価したらよいのであろうか。

わが国では「政党しか選べないよりも、候補者も選べる方がよい」という意見がよく聞かれる。新聞の投書欄などでは特にそうである。新聞に投書をするような人は、選挙に熱心というか、真面目に取り組んでいる人なのだろうから、同じ選ぶのでも、できるだけ細かいことまで、自分で選択できる方がよいと思うからであろう。だが、有権者の多くは、その人たちと同じように選挙に熱心なのだろうか。

各選挙制度を比較考量するうえで重要なのはこの点だが、有権者について冷徹な認識をしておく必要がある。選挙制度によって、有権者の選択の仕方が違うので、有権者が簡単に選択できるものから、複雑な選択をしなければならないものまで、それぞれ投票の決定で有権者にかかる負担は異なっている。それを、学問上は「情報コスト」の相違という。有権者がデタラメな投票をしてもかまわないのなら話は別だが、それでは困ると考えるなら、有権者がある程度きちんと選択できる選挙制度でなければならない（情報コストについては小林良彰『公共選択』参照）。

つまり、有権者は多少なりとも努力する必要があるのだが、有権者に面倒をかける選挙制度もあれば、そうでない制度もある。そして、あまりにも有権者に面倒をかける制度は、失敗となりかねないということだ。それを象徴する例を挙げれば、最高裁判所裁判官の国民審査である。その理念はともかく、あまりにも高度な判断を一般有権者に求めている制度なので、実際には、不適切な裁判官をやめさせるという、期待されるような効果は発揮できないでいる。それと同じように、選挙制度も複雑すぎるものは、「情報コスト」からして、失敗に帰する運命にあるのだ。

このことは、正確に述べるところである。——有権者は合理的な投票をしようとすれば、選挙での選択の際に、各党、各候補者がどんな政策を訴えており、それがどれだけ自分の考えに近いのか、把握しなければならない。だが、そのような情報を手に入れるには、新聞を読んだり、テレビで関連の番組を見たり、時間を割かなければならない。また、内容をきちんと理解しようとすれば、それだけ努力をしなければならない。

これが「情報コスト」であり、有権者がどれだけ情報コストを担うかによって、選挙の意義は大きく左右される。時間を割くのが面倒になると、人は周囲の依頼のままに投票したり、その場の気分でたまたま名前を知っている候補者に投票したりする。

参議院では以前（一九八〇年まで）、全国区といって、全国を一選挙区とし一度に五〇人を選ぶ制度があった。一〇〇人を超す大量の候補者が出て、その中から一人、誰を選んでもよい制度である。そこでは、「良識の府」たる参議院に本当にふさわしい議員を選ぶことがで

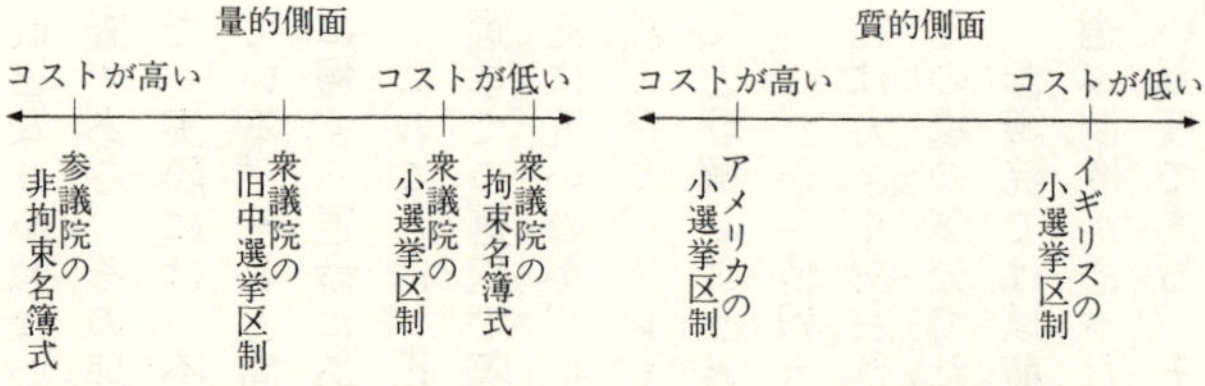

図表5　選挙制度の情報コスト①

きるとの期待があった。だが、実際には、そうならなかった。「情報コスト」が高すぎたからである。

「情報コスト」については、次のようなことがいえる（図表5参照）。まず、量的に選択肢が多いほど、まともに選ぶ場合、コストが高くなることである。候補者の少ない小選挙区制は努力しなくてよいのでコストが低く、中選挙区制ではそれが少し高くなる。また比例代表制でいうと、政党しか選ばせない衆議院方式は、簡単なのでコストが低いが、候補者をも選んでかまわない現行参議院方式では、選択肢（候補者）がずっと多くなるのでコストが高くなる、ということである。

さらには、選択肢の質的な面をも見なくてはならない。選択肢が選びやすく、整然と配列されているかどうか、である。整っている場合は選びやすいので、情報コストが低くなるが、乱雑になっている場合は、コストが高くなる。喩《たと》えていうと、買い物と同じである。商品がきちんと配列されている売り場では、選ぶ手間がかからないのに対して、乱雑に積み重ねてあるバーゲン売り場では、きちんと選ぼうとするとたいへんな努力をしなければならない。選挙でも選びやすい状況とそうでない状況とがあるのである。

イギリスとアメリカは、同じ小選挙区制で、主要候補者二人のいずれかを選べばよいという点は同じだが、質的な面で大きな違いがある。政党の性格の明確なイギリスでは、候補者をそう吟味しなくとも、政党名だけでほぼ無難な選択ができるので、コストは低いが、アメリカではそうではない。民主党と共和党といっても「レッテルの違う二本の空《から》びん」といわれるように、相違が不明瞭だから、どんな候補者かをチェックしないと、有権者は適切な投票はできない。候補者のディベート（討論会）などをチェックして、そのときどきの情報を集めないといけない分だけ、コストが高くなっているのである。

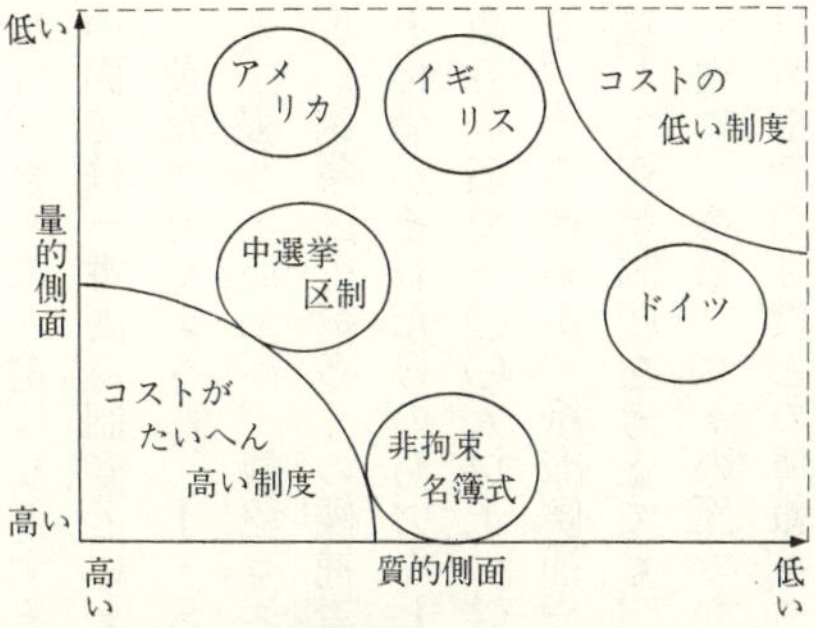

図表6　選挙制度の情報コスト②

量的、質的の両側面を考えると、どちらも低いのが理想的な制度であり、どちらも高いのが悪い選挙制度となる。性格のはっきりした政党の間で、拘束名簿式で選ばせるドイツは、この面では理想に近い。小選挙区で単純なイギリスも同様だ。逆に、旧中選挙区制は、選択肢がそこそこに多く、同じ党からも複数の候補者が出るので、そこでの選択は、きちんと選ぼうとする場合、コストが高くなる。参議院非拘束名簿式は、情報コストの面では一番高い制度といえよう（図表6）。

前章で見たように、J・S・ミルは多くの候補者の中から、人物重視で選挙するのがよいと主張していたが、情報コストの観点からすると必ずしも現実的ではなかったことが分かる。広い選挙区で数多くの候補者から「高度の知性と人格をもつ指導者」を選べるというのだが、有権者がそれだけの努力をしてくれるとはかぎらないからだ。参議院旧全国区のように、定数五〇名で一〇〇人以上の候補者があれば、まともな比較考量には情報コストがかかりすぎる。その結果が、組織候補や、知名度の高いタレント候補の大量進出であった。コストを無視して選挙制度を考えても、期待する結果は得られないのである。

逆に、情報コストの面できわめて冷徹な認識を示していたのはシュンペーターである。彼は有権者がさほどの情報コストを負担する気持ちがないという前提に立って、選挙制度を論じている。簡単に小選挙区で二人くらいの候補者から選ばせればよいとした。しかも、有権者の厳しい選択に期待するというよりは、政治家の側が激しい競争の中で、落選したくない気持ちから、有権者のニーズに沿った政策をとらざるをえなくなる面を重視した。結果的によくなるようなメカニズムの方を評価していたのだ。

経済学者らしい議論である。自由市場での厳しい競争の中で、メーカーが結局は消費者のニーズに対応していく、市場メカニズムに近いものを、自由選挙という競争メカニズムに期待しているのである。過度に「賢い消費者」や「熱心な有権者」に期待をかけていない。冷徹な認識の重要性を教える議論である。

こう考えると、参議院で厳正拘束名簿式《クローズド・リスト》から、非拘束名簿式《オープン・リスト》に変えたことは、単純によかったとはいえなくなる。情報コストの点では、旧全国区に近い制度となり、集票力のある有名人が進出してくることになった。そこでは、有権者は何を選択しているのか分からない事態となりかねないのである。

もっとも、すべては有権者次第だといえば、そのとおりである。誰もがその気になって選ぶようになれば、立派な選挙になる。すべては有権者次第なのだが、理論的には有権者についてあまり楽観しないで選挙制度を考えた方がよい、ということである。

相対多数と絶対多数

比例代表制にいろいろな方式があるように、多数代表制も一つではない。相対多数でよしとするもの（相対多数代表制）と、絶対多数にこだわるもの（絶対多数代表制）の二つがあり、両者の相違も決して小さいものではない。

①相対多数代表制

まずは相対多数代表制である。これは衆議院の小選挙区制で採用している制度であり、わが国では多数代表制といえば、こちらだけが脳裏《のうり》に浮かべられる。最高得票でありさえすればよく、多数といっても過半数（絶対多数）か否かにこだわらないものである。議員の選挙だけでなく、首長選挙も日本ではほぼこの方法で行われている。ただ、この方法の場合、有力候補者が二人なら特に問題はないが、三人、四人、五人と乱立してくると、少ない得票でも当選となってしまう。そして、そこに不自然な印象が残りかねない。

最近の例では、次の二つのケースがある。まずは、小選挙区制が導入されて初の総選挙（一九九六年一〇月）だが、静岡一区で有力八候補が激突した。投票前にはトップの候補も法定得票数（六分の一）に達しないのではないかとの懸念がもたれた。結果的には、最高得票者がそれをクリアして当選したのだが、当選ラインはかなり低かった。法定得票ギリギリだと一七％弱で当選となるが、それでよしとするのか、疑問が残るのだ。

また、次の例は首長選だが、一九九九年四月の東京都知事選に有力六氏が立候補して、大混戦となった。公職選挙法では四分の一以上の得票がないと当選とならないので、選挙管理委員会の関係者は再選挙になる場合の混乱を心配していた。法に不備があって、再選挙にはどの候補者も残れるので、いつまでも同じような選挙結果が繰り返され、知事が決まらないことが心配された。結果的には、石原慎太郎《いしはらしんたろう》氏が規定の最低線をクリアして当選したが、それでも得票は三割ちょっとでしかなかった。

②絶対多数代表制その1――「二回投票制」

このように相対多数の場合には、ケースにより微妙な問題が生じかねないが、それを正そうとすれば、面倒だが過半数にこだわる選挙をするしかない。上位の候補者で決選投票を行うのが分かりやすい方法である。わが国でも、国会での首相選出はこの方法で行われている。絶対多数（過半数）を得る者を当選とする選挙制度である。

決選投票を行う方式では、フランスの二回投票制が有名である。最初の投票で過半数を得る者があれば、もちろんそれで決まるが、そうでない場合には上位者だけで争われる。何度か繰り返し、候補者を絞っていけば、必ず過半数を得る者が出てくる。フランスの議会選挙では、得票率一二%以上の上位の候補者だけで決選投票を行い、そこでトップになれば、たとえ過半数に足りなくとも当選とすることになっている。三度目はたいへんだから、ということで折り合いをつけたものであろう。

この方法は、今日でこそあまり一般的ではないが、過去にさかのぼると多くの国で採用されていた。その理由の一つは、有権者が少ないため、投票の繰り返しがさほど面倒でなかったからである。古い時代ほど、厳しい制限選挙のため有権者が少なく、このような方法もさほど難しくなかったので、この方式が多かったのも肯《うなず》ける。国会での首相選出にこの制度が残っているのは、議員が一堂に会しており、決選投票も容易だからである。

③絶対多数代表制その2——「優先順位付投票制」

絶対多数代表制には、もう一つの方法があり、オーストラリアなどで採用されている制度がそれである。これは、いきなり説明しても、まず理解してもらえない難物だが、フランス式の二回投票制の考え方を押さえてさえおけば、理解できる。

二回投票制では、一回目の投票で排除された下位の候補者は、二回目の投票には残らないのだが、それは有権者側からするとこういうことである。つまり、排除された候補者を支持した有権者については、二回目の投票で次善の候補者を選んでもらうということである。ただ、有権者が多い場合、この方法はいかにも面倒である。そこで、一回の投票で済ます工夫をするとすれば、あらかじめ次善、三善の候補者を指定しておいてもらえばよい。それを体系的に行うとすると、全部の候補者について、好きな順番を決めてもらい、それを投票用紙に記入しておいてもらえばよいことになる。これが「優先順位付投票制」である。

具体的にはこういう手続きになる。あくまで小選挙区制の一種であることを念頭に置いていただきたい（先に述べたアイルランドなどの移譲式の比例代表制にもこれと似た面があるが、オーストラリア式は小選挙区制なのであり、一人しか当選しない）。

有権者は、すべての候補者につき選好順位をつけて投票する。イメージを描きやすくするため、日本の政党名を使う。仮に自民党、民主党、公明党、共産党から候補者が出ているとする。まず、一回目の投票に準ずるのは第一順位票なので、それを集計する。そこで自民、民主、公明、共産の順となれば、最下位の共産の落選が決まる。第一位の自民が過半数を得られず、二回目の投票があるとすれば、共産支持者の票がどこに行くかが注目される。

そこで、共産を第一順位とした票につき、第二順位を調べ、第二順位に指定されている候補者にその票を回してやり、それを合算する。仮に、その多くが民主を第二順位としていたとして、合算の結果、民主、自民、公明の順になったとする。それでもまだ、トップの民主も過半数に達しないとすると、次には落選の決まった公明の票を調べる。公明支持者には、連立を組んでいる自民を推す人が多いとすると、その第二順位は圧倒的に自民が多く、その票を合算して、自民が過半数を制したときに当選が確定する、という方式である。

このような手順を、過半数獲得者が出るまで繰り返すのが、「優先順位付投票制」とも呼ばれるオーストラリア方式である。英語ではオールタナティヴ・ヴォートというが、代替選択投票制とでも訳せば、分かりやすいだろうか。

フランス型の二回投票制であれ、オーストラリア式の優先順位付投票制であれ、過半数にこだわる点が特徴だが、その背後にある考えは、代表の選出を、候補者の乱立など、偶然の要因に委ねたくない、ということである。「漁夫の利」で少数勢力が勝ったりする可能性を排除するには、こういう制度がよいと考えられているのである。

比例代表制の議席配分方法

次は、さらに技術的な話になるが、比例代表制の議席配分の方法に少しふれておく。得票に応じて議席を比例配分するのだから、基本は同じだが、あらかじめ明確なルールを決めておかないと、微妙なケースでは争いになりかねないので、詳細に定めている。そして、ルールによっては、若干、各党の獲得議席が増減する。

そのため政党や政治家は、どの方法を用いるかについて、かなり激しく争う。しかし、学問的な結論を先に述べれば、最も重要なのは計算方式よりも、選挙区の規模（サイズ）の方である。つまり、比例代表制の一選挙区で選ばれる議員の数が多いか少ないかの方が、計算方式よりもずっと重要なのである。参議院のように、全国で選挙区を分けずに比例代表制を行えば、票と議席がかなり比例的になるが、衆議院のようにブロックに分けて行うと、あまり比例的でなくなっていく。四国のように定数がわずか六と少ないところでは、得票が一〇%以上でも議席ゼロのことがあり、死票が出るので、結果としてあまり比例的でなくなるのである。

比例的であるほど中小政党は救済されるが、あまり比例的でないと大政党が得をするのだ。

その点を押さえたうえで、以下の説明を読んでいただきたい。そうでないと枝葉末節のことに目を奪われた、本末転倒の議論が出てきかねない。

比例代表制の議席配分方式は三〇〇以上もあるといわれるくらいで、たいへん多く存在するが、主なものは次のように、大きく二種類に分けられる。

①最大剰余法

まずは、一議席獲得に必要な票数を算出し、それに応じて議席を配分するものである。有権者が一〇〇万人で議席が一〇〇だとすると、一万票で一議席とする、というような方式である。その数を当選基数というが、その計算方式には、有効投票数を定数で割る方式（ヘアー式）や、「定数プラス1」で割る方式（ドループ式）などがある。ただ、当選基数方式では、議席の配分で余りが生じるケースがあるが、そのときにどうするかで、また、いろいろな方法がある。それをそのままにしておくものや、別のルールで配分するものなどである。

②ドント式など

当選基数を用いない方式にもいろいろあり、わが国で衆参ともに採用されているドント式はその一つである。ドント式は、図表7にあるように、各党の得票数を、一、二、三、……の整数で割っていき、その商の大きい順に定数に達するまで、議席を配分していく方法である。一議席あたりの票ができるだけ同じになるように、との考えから考案されたものである。

図表7　比例代表制の議席配分方法（各党の得票は同じで，9議席の配分）

①ドント式の場合

	A党	B党	C党	D党	E党	F党
得票	440,586	145,298	93,079	64,097	50,738	3,690
1で割る	440,586①	145,298④	93,079⑥	64,097	50,738	3,690
2で割る	220,293②	72,649⑨	46,539			
3で割る	146,862③	48,432				
4で割る	110,146⑤					
5で割る	88,117⑦					
6で割る	73,431⑧					
7で割る	62,940					
議席数	6	2	1	0	0	0

②サント・ラーゲ式の場合

	A党	B党	C党	D党	E党	F党
1で割る	440,586①	145,298③	93,079④	64,097⑥	50,738⑧	3,690
3で割る	146,862②	48,432				
5で割る	88,117⑤	29,059				
7で割る	62,940⑦					
9で割る	48,954⑨					
議席数	5	1	1	1	1	0

③修正サント・ラーゲ式の場合

	A党	B党	C党	D党	E党	F党
1.4で割る	314,704①	103,784③	66,485⑤	45,783⑨	36,241	2,635
3で割る	146,862②	48,432⑧				
5で割る	88,117④	29,059				
7で割る	62,940⑥					
9で割る	48,954⑦					
議席数	5	2	1	1	0	0

数値は西平重喜『比例代表制』（中央公論社，1981年）93～95頁による．
表示の方法を若干改めている

ただ、この方式では、多少、大政党に有利になる傾向がある。それを改め、小党にも議席が配分されやすくしたのがサント・ラーゲ式である。一、三、五と奇数で割り算をしていく方式である。ただ、この方式だと小党を優遇しすぎるということで、中間的な妥協策として、最初は一・四で割り、あとは三、五、七と奇数で割っていく方式が考えられた。修正サント・ラーゲ式と呼ばれ、スカンジナヴィア諸国などで採用されている。

図表7では、三つの方式で九議席を配分した結果を示したが、この場合のようにある程度の相違が生じる。筆者も含め、第三者は「ある程度」などと平気で書くが、政党にすればそれが死活的に重要な相違であり、だから各党は、いずれの方式を採用するかで争う。

だが、そのことに気を奪われると、議論がおかしなことになりかねない。実際、参議院に初めて比例代表制を導入したとき、自民党はドント式、野党は修正サント・ラーゲ式を主張し、どの計算方式にするかが大問題となった。そこでは笑い話のような話が生じている。わが国の国会やマスメディアでの選挙制度論の水準を示すエピソードとして、紹介しておこう。

ドント式に反対する野党議員やメディアが、比例代表制そのものが小党に不利であるかのように語り始めたのである。比例代表制は（足切りの阻止条項さえ設けなければ）選挙制度では小党に最も有利なものであり、その中でドント式が相対的に大政党にやや有利というだけなのに、とんでもない議論になったのだ。『南ドイツ新聞』の記者は目を丸くしてこう書いている。日本人は比例代表制が「大政党に有利で、小さな政党には不利だという」「共通の固定観念」で論じているようだ、と(ヒールシャー『自信と過信』)。

これほどひどくはなくとも、計算方式にこだわる人は少なくない。ここでは故意に相違の出るケースを示したが、いつも大きな相違が出るわけではない。比例代表制で最も重要なのは選挙区の大きさであり、全国一選挙区で行う参議院の比例区では、計算方式による相違は小さい。仮に、これが衆議院のようにブロック別で行われるとすると、共産党などの中小政党には不利になる。逆に、選挙区を大きくして、多くの議席を比例配分する場合は、票と議席の比例の度合いが高まり、あまり計算方式での相違が出ない。「一〇〇を越すような議席を配分する場合は、どの計算方式でも同じような結果となる」のだ(西平重喜『統計でみた選挙のしくみ』)。

これまで述べてきたことを、G・サルトーリ*はこう定式化している(『比較政治学』)。――「比例代表制の比例の程度については、票を議席に換算する方式のみによって決まってくると考えるのは誤っている。それは選挙区の規模によっても規定されており、規定する力は後者〔規模〕がより強力である」。

比例代表制の阻止条項

比例代表制は、得票に応じて議席を比例配分する制度であり、中小政党の議会進出が容易で、ときに小党分立状況がもたらされる。その場合、政局不安定になりやすい、といわれることから、それを人為的に回避するための規則が設けられることがある。ドイツの五％条項や北欧諸国の三％条項のように、一定の足切りラインを設け、得票がそれに満たない政党には議席を配分しないというルールである。「阻止条項」などと呼ばれる。

それでは比例代表制の本旨が生かされないではないか、という批判もあろうが、極端な小党分立は好ましくないという判断から採用されることがある。ドイツの場合は、戦前は単純な比例代表制であったために、たいへんな小党分立状況となり、政局混乱からヒトラーのナチスが台頭したといわれ、その反省に立って五％の阻止条項が導入されている。

ドイツでは、次のような「政治的な成熟」という理念で、阻止条項を論拠づけている。つまり、議会に議席を得るには一定の政治的成熟が求められるのであり、五％未満の政党は、政治的には未熟なために、国民から十分な支持を得ていないものと見なされ、議席獲得が認められない、ということである。次の選挙までに勢力を拡大し、成熟した勢力として認知されればよいのだという論理である。

阻止条項があったおかげで戦後は、極右政党や急進右翼政党が五％に迫りながらも、それを超えられず、議会進出を果たせないまま衰退していった。それは一時的な勢力、成熟しきらなかった勢力、という位置づけなのである。逆に「緑の党」は、最初の挑戦でこそ五%を超えられなかったが、次には勢力を拡大して、ついに議会進出を果たした。それはこの観点からは、政治的に成熟した、ということになるのである。

阻止条項の有無によって、比例代表制もかなり違った作用をする。阻止条項がなければ、政党はどんどん分裂しかねないが、阻止条項があれば、議席を確保できるよう、妥協しながらも、ある程度の規模の党にとどまるよう、努力がなされる。

阻止条項と同様の作用は、選挙区を狭くすることでも果たしうる。たとえば、選挙区定数が二〇未満のところで比例代表制を行うと、五%くらいの得票がないと議席がゼロになるので、事実上、阻止条項があるのと同じことになる。

わが国の衆議院ではブロック制なので、それに近い要素が見られる。しかしブロックにより、サイズがかなり異なるため、最大の近畿では小党も議席が得られるのに、最小の四国では得られないという状況になっている。選挙区の人口という、いわば偶然の要因でもって、結果的にハードルの高低が変わる制度となっているのだ。それに対して阻止条項は、一定の理念でもって、ある一線で線を引いている、という点に違いがある。その意味で阻止条項の方が、理念の明確な制度ということができよう。

比例代表制の名簿と議席配分のレベル

ここまで説明してくると、かなり込み入った話になるが、次のことも理解いただけるであろう。まず、名簿式比例代表制の名簿については、それを全国単位にするか地方別にするか、という二つの方式が可能である。また、それとは別に、議席の配分について、全国集計でやるか、地方ごとに行うか、その二つの方式が可能である。問題はその先で、それぞれ二つの方式をどのように組み合わせるかである。組み合わせ方としては、わが国の衆議院の方式と参議院拘束名簿式の時期の方式は分かりやすいが、もう一つの方式が存在するのであり、かつてのドイツ方式がそれである。名簿は地方別に作成し、政党への議席配分は全国単位で行うというのがそれである（図表8参照。ドイツは二〇一三年に改正された）。

図表8　比例代表制の名簿と集計

		集計（議席配分）単位	
		地方	全国
名簿の単位	地方	衆議院方式	ドイツ方式
	全国		旧参議院方式

わが国の参議院の旧方式は、全国単位の名簿で、政党への議席配分も全国単位であった。すぐ前に説明したように、全国単位で議席を配分すると、選挙区の規模が大きくなるから、票と議席の比例度が高くなり、比例代表制の趣旨からは、この点が評価される。しかし、拘束名簿式であった時期には、名簿が中央で決められるため、地方の声が反映されにくいという難点があった。

逆に、衆議院では、ブロック別の名簿だから、その気になれば名簿作成は分権的に行うことができる。しかし、衆議院方式では、政党への議席配分もまたブロック別なので、四国などではかなりの票を得ても小党は議席ゼロになりかねない。そのようなことが重なると、全国を眺めたときに、票と議席の比例度が低くなり、比例代表制の趣旨に反することになりかねないという難点があるのだ。

このジレンマを解消するのがドイツ方式であり、名簿の作成は地方（州）ごとに行い、政党への議席配分は全国単位で行うというものである。名簿作成では地方分権の要請に応えながら、議席配分は全国集計でやって議席と票の比例度を高くして、比例代表制の趣旨を損なわないようにしているのである。

具体的には、まず全国集計で各党の票数に応じて議席を配分してしまう（図表9）。ここで各党の獲得議席が決まるが、誰が当選者となるかは、名簿が地方別だからまだ決まらない。どうするかというと、その党が全国で得た議席を、各地方での得票状況に応じて、再配分するのである。政党の地方支部がそれぞれ議席獲得をめぐって競っているようなものと考えていただくとよい。つまり、その党が得た総議席を、その党が各地方で得票した票数に比例させて再配分するのである。結局、二段階の比例配分がなされているのであり、まず、全国集計で各党へ配分され、次いでその党の各地方支部へともう一度、比例配分されるのである。

この方式の場合は、先のように地方分権と高い比例性という、二つの要請を満たすというメリットがある。方式としては、衆議院方式や参議院の旧方式よりやや複雑だが、理念としては捨てがたい妙味がある。また、そのほかに、この方式はもう一点、次のようなメカニズムで、重要な作用を及ぼす可能性を秘めている。

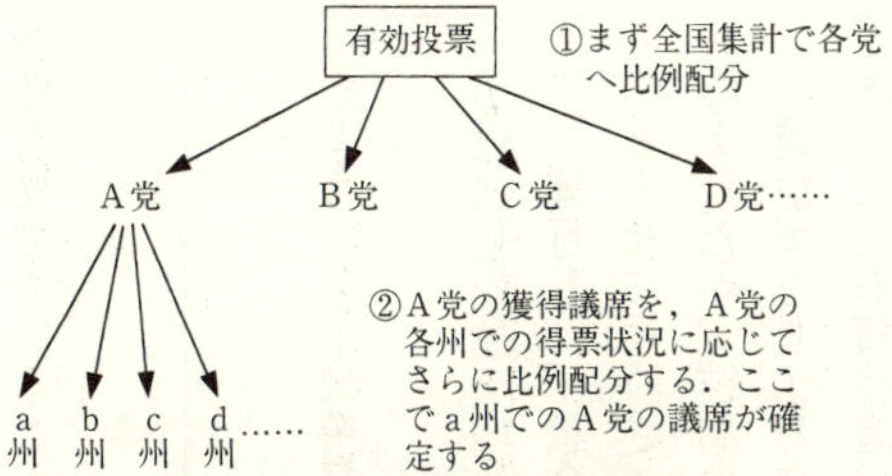
有効投票
①まず全国集計で各党へ比例配分
A党
B党
C党
D党……
②A党の獲得議席を，A党の各州での得票状況に応じてさらに比例配分する．ここでa州でのA党の議席が確定する
a州
b州
c州
d州……

図表9　2段階の比例配分（ドイツ方式）この方式ではあらかじめ各州に定数は配分されない．投票率の低い州は結果的に議員数が少なくなる

つまり、この方式の場合、わが国の衆議院のように、ブロックの定数というものはなくなり、すべて票数に応じた比例配分となることである。そのため、投票率の低い地方では、結果的に議席が減りかねず、逆に投票率の高い地方では議席が増える可能性があることだ。

投票率アップのために、現在は選挙管理委員会がティッシュ・ペーパーを配るなど、おカネをかけて啓発運動をしているものの、効果のほどは知れない。それに対して、この方式を採用すると、タダで投票率アップへの作用を果たすことが期待できる。投票率が低いとその地方の議席が減るとなれば、人々の利害感覚に訴えかけるので、投票率アップにつながると考えられるのだ。細かいことながら、小さからぬ作用の可能性を秘めていることに、注意を向けておきたい。

ドキュメント選挙戦⑥ 近代日本初の選挙——一八九〇年衆院選

近代化を急ぐ明治日本は、一八八九年（明治二二年）に大日本帝国憲法を発布し、翌年、施行した。議会開設となれば、帝国議会の議員を選ばなければならず、選挙法も憲法と併せて検討された。当初は府県会で選挙するという間接選挙（複選制）の案もあったようだが、結局は直接選挙となって、一八九〇年七月一日に第一回総選挙が行われた。選挙権を有するのは二五歳以上の男子で、直接国税一五円以上を納める者との条件があった。有資格者は全国で約四五万人、全人口の一・一％でしかなく、かなり厳しい制限選挙である。投票者も自分の名を書く記名投票制だから、秘密選挙とはなっておらず、買収した場合は確認が容易である。今日の感覚では腐敗行為が心配されるところだが、実際はどうだったのか。

議席は三〇〇で、小選挙区制である（例外的な二人区では二名連記制）。立候補者は八八〇名を数えたが、多くが地方の名望家で、府県会議員の経験者が七割近くを占めた。選挙民がこの人こそはと思い、立候補を頼むというケースもあったようだが、逃げ回る人が多かったといわれる。

結果はこう出た。——当選者は無所属などが一〇四名を占めたが、自由党系が一二八名で第一党となった。改進党系は、大隈重信《おおくましげのぶ》の条約改正失敗で評判を下げていたこともあり、四六名にとどまり、ほかには保守党が二二名を当選させている。

興味深いのは選挙運動である。演説会が主だったようだが、演説会の後、懇親会がもたれた場合もあり、買収の可能性もあった。だが、実際には買収はあまり多くはなかったという。また、候補者によっては演説会を開かず、「潜行運動」だけをして当選する者もあったとの記録がある。「潜行運動」とは、どうも戸別訪問のことらしい。目端のきく候補者もいたということである。

総じて、「初めてのことでもあり、比較的理想選挙に近かった」と評される（阪上順夫『日本選挙制度論』）。腐敗行為がひどくなるのは、第二回以降からのことであり、残念なことに、普通選挙制が実現してからは、それがさらにひどくなった。

連記制の場合の問題点

定数が複数の大選挙区制の場合には、一般に比例代表制が用いられる（旧中選挙区制は例外的な日本方式であった）。しかし、別の選挙制度としては、複数の候補者に投票させる完全連記制（複数投票制《プルーラル・バロット》）も存在する。残されているのは、完全連記制をどう考えたらよいかの検討である（わが国での単記制と連記制の区分法に問題があることは、前述のとおりである）。

たとえば、旧中選挙区制のように、三〜五人区の選挙区だとして、単記制ではなく、それぞれ三名連記、四名連記、五名連記とする方法が完全連記制である。この場合、政党の選挙への対応も、単記制の場合とは異なり、かなり単純明快となる。三人区だとすると、定数ぴったりの三人の公認候補者を立て、「三名ともわが党の候補者を書いてくれ」と呼びかける。三人区を三つの小選挙区に分けて行う場合に比べ、違うといえば違うのだが、同士打ちはなく、同じ党の候補者は協力して戦えるという点に着目すると、両者の相違は本質的なものではないともいえる。政党の思惑どおりに事が運べばそうなる。

しかし有権者は、政党の呼びかけどおりに投票するとはかぎらない。仮に定数三で三名連記だとすると、バランスを考え、二人は自民党、一人は民主党を書くという可能性がある。日本人の政党支持態度はそういう〝構造〟になっているから、むしろこういう投票方法を認めてはどうかという提案さえも出されている（たとえば、曽根泰教「ポストモダンの選挙制度改革」)。

ただ、この場合も、先のような「情報コスト」を考えると、事はそう簡単ではない。選ぶときに、第一の候補者は簡単に決まるかもしれないが、第二、第三となると、根拠が怪しくなり、下位ほどいい加減な投票になりやすい。これと同じではないが、やはり複雑な投票をさせているオーストラリアでは、次善、三善の候補者を決めなければならない。そこでは、下位の選好についてはデタラメに記入する傾向があるといわれ、それを「ドンキー・ヴォート」という。デタラメ投票というような意味である。

そうなりやすいことは、定数が多くなった場合のことを考えてもらうと、すぐに分かる。たとえば一〇名連記だとすると、誰もが途中からいい加減な投票になりやすい。投票は政党名簿への一票だけにして選ぶのと、連記制で候補者一人一人を選んでいくのとでは、大きな違いが生じてくるのである。先に「党か人か」に関連して「情報コスト」にふれたが、その問題が生じてくるのである。完全連記制の問題点はここにある。

また、この方式の場合、「自民党系無所属*」のような候補が出やすく、当選もあまり難しくはならない、と考えられる。三人区で三人の公認候補がいて、党では「三人とも公認候補の名前を書いてくれ」と訴えても、一人は無所属候補を書くケースが考えられるからである。そうすると派閥は、自派の議員を増やすべく、公認候補以外に系列の無所属候補を立てて戦うだろう。その場合には派閥の本格的な復活となり、「中選挙区」単記制と近い実態になるかもしれない。

こう考えてくると、単記制か連記制か（正しくは制限投票制か完全連記制か）の相違も軽視できないのが分かろう。完全連記制をやるよりは、小選挙区に分けて行う方が、オーソドックスということである。

混合型と一票制・二票制

最後に、多数代表制と比例代表制を組み合わせて行う「混合型」について説明しておこう。異なる選挙制度を組み合わせる方法はいろいろあって、ほぼ無限にある。わが国の参議院の現行制度はさしずめ〝悪い〟見本で、比例区は比例代表制、選挙区は改選数一の県では小選挙区制、改選数が複数の都道府県では（単記制なので）「少数代表制」と、三つの制度が鼎立《ていりつ》しているから、「鼎立制」などと呼びたくなる。こういう制度まで含めると、「混合型」は数えきれなくなるが、重要なものは限られる。

まずは、衆議院のような「並立制」であり、一部は小選挙区制、一部は比例代表制で選ばれるものである。両者に直接の関連はないので、喩えていうならば、二つの選挙を同時に行うようなものである。並立制についてはこれ以上、説明の必要がなかろう。ほかに重要な

「混合型」には、「併用制」と呼ばれるドイツ方式がある。

ドイツでも専門家は、これが比例代表制の一種であって、「混合型」と呼ぶと誤解されやすいと注意を喚起している。だがわが国では、「併用制」と呼び習わされていることから、誤った説明がなされることが多い。小選挙区制と比例代表制が組み合わされているのは事実だが、議席の配分は比例代表制だけで決まるので、比例代表制の一種というのが正しい。二票制であり、日本の衆議院と同じように、一票は小選挙区の候補者に入れ、もう一票は比例代表のために政党に入れるのだが、議席配分はすべて政党票だけで決まるというのがポイントなのである。

では、どうして誤解が多いかというと、正式には候補者に入れる票を「第一票」、政党に入れる票を「第二票」というからであり、重要度とは逆のような名称になっている。そして、制度の説明を第一票から始めると、まずは誤った説明になるか、読者に理解しがたい説明に終わる。第一票、第二票の名称を避け、政党票、候補者票と呼べばよいのであり、次のようにそう複雑ではない（図表10参照）。

まずは、政党票だけを集計し、それで全部の議席を配分してしまう。これで各党の獲得議席は決まってしまう。ドイツの開票速報で、三〇分もしないうちに勝負が明らかになるのは、このためだ。小選挙区の方は、各党の議席数とは基本的に関係ないのである。

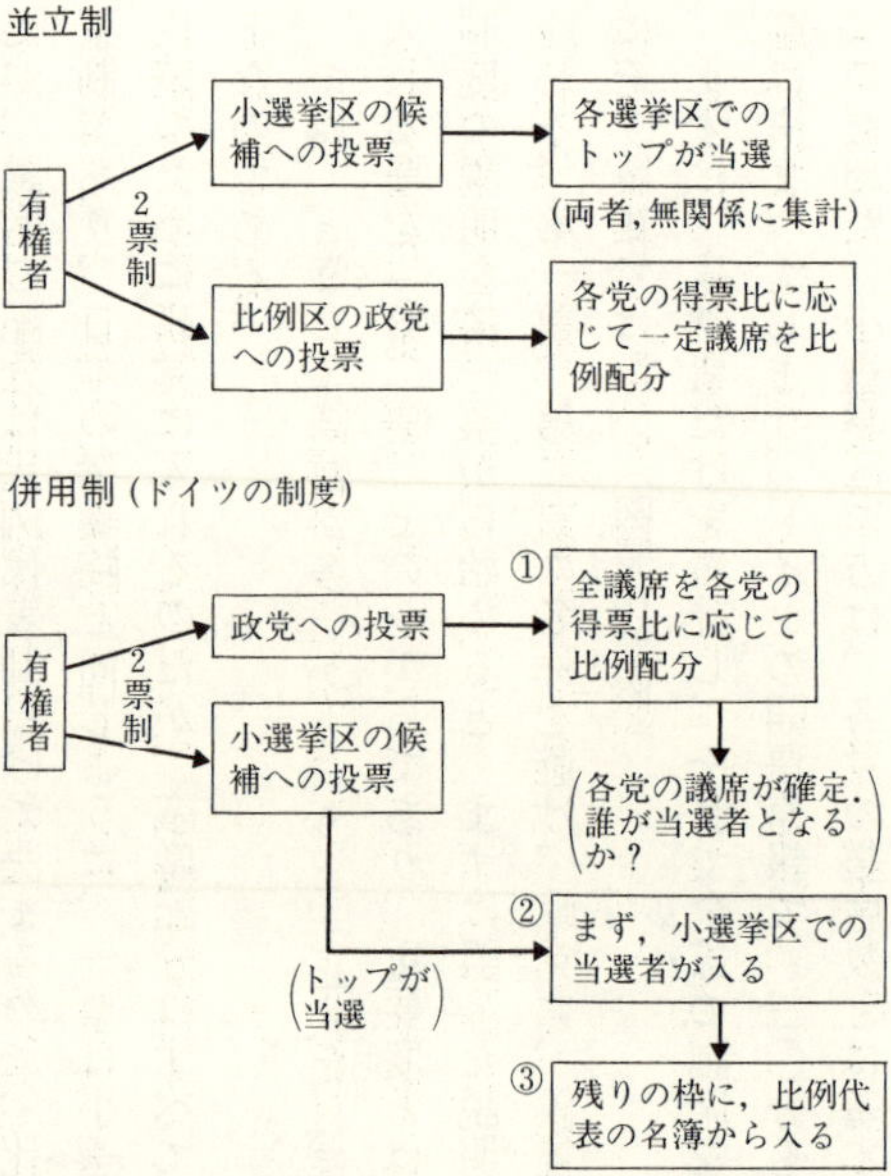

図表10　並立制と併用制　「並立制」と似た制度に，ドイツ型の「併用制」がある．これは全議席を比例代表制で配分したうえで，小選挙区の当選者を優先的に議員とするもので，人物の要素を多少加味した比例代表制である

では、「誰が議員になるのか」というところで、小選挙区が関係してくる。総議席の半数だけの小選挙区が設けられているが、そこでは相対多数を占めたトップの候補者が当選となり、当選者は無条件で議員になる。政党票で決まっている各党の議席数の枠に、まず小選挙区の当選者が入るのである。たいていの場合は、それでも枠がまだ残っており、そこに比例

代表の名簿の上位から順に入り、いっぱいになったところでストップとなる。これで、誰が議員になるかまで、確定することとなる。

要するに、選挙は党と党の争いと考えるのなら、政党票だけで決まる単純な比例代表制といえる制度であり、「併用制」などという呼称は誤解を招くだけである。小選挙区で当選すれば間違いなく議員になれるから、「人物も選べる」といわれ、ドイツでも学問的には「人物の要素を加えた比例代表制」と呼ばれる。だが現実には、日本人が想像するほど、ドイツ人は候補者の人物に配慮して投票するわけではない。候補者名の横に書いてある政党名を手掛かりに、そのまま支持政党の候補者に入れるのが一般的なのである。

ただ制度上は、単純な拘束名簿式よりも、人物の要素があるのはそのとおりで、その意味で右の名称は正しい（ドイツ方式ではときに小選挙区の当選者数が、政党票によるA党の獲得議席を上回っていることがあるが、小選挙区の当選者は無条件で議員になるのだから、そのままにされる。その場合、議員数が総定数を上回ることになる。これが「超過議席」で、日本ではこれを説明しないと、ドイツの制度を説明したことにならないような風潮があるが、些末《さまつ》なことであり、こんなことにこだわっている点にも筆者は疑問を感じている）。

さて、並立制など、混合型の選挙制度の場合に注意しなければならない点は何か。――わが国の政治改革の最終局面では、小選挙区と比例代表の比率が最大の争点となったが、その点は確かに重要であり、党派的には死活的に重要である。これはほとんど説明を要しないことであり、比率の高い方が重要になるというだけである。

注意すべきはむしろ他の点にある。先に混合型は二つの選挙を同時に行うような面がある、と書いたが、二つを一緒に行うと必ず、相互に影響が出てくることである。「五五年体制」では、衆参ダブル選挙*が自民党に有利だといわれたが、それは第一には、後援会など、強力な衆議院議員の集票マシーンを参議院選挙のためにも使えるからであった。第二には、ダブルだと衆議院が優先される結果、参議院の選挙区選挙で野党が選挙協力をするのを封じるのに都合がよかったからである。このように、二つの選挙を一緒に行うと、必ず双方に影響が及ぶのだ。

だから、いちおう二つが区分けされた並立制といっても、二つの制度で別々の時期に選挙を行うのとは違った結果になるのだが、選挙制度のうえでは、よりストレートに関連させる制度もある。一票制の場合がそれである。現行の並立制は二票制で、小選挙区で投じられた候補者への票はそこだけで数えられ、比例代表制には関係ない。逆も同じで、比例への政党票は小選挙区には特に関係ない。そうでないのが、一票制であり、わが国の政治改革の時期には自民党の後藤田《ごとうだ》正晴《まさはる》・自民党選挙制度調査会会長が著書『政治とは何か』でこれを唱えた。

小選挙区の候補者に投じられた票を、政党に投じられたものと見なし、比例代表での議席配分にも使う方式である。比例代表のためには改めて投票せず、小選挙区の候補がどの党に所属しているかによって、その政党への票としてカウントする、というものである。「小選挙区では死票が多くなるので、それを比例代表で補う」というお馴染みの論理で提唱されたのだが、この一票制の隠された意図は簡単に読み取ることができる。「五五年体制」は、「一強四弱」ほどの一党優位制だったが、政党の勢力関係がそのままだとすると、一票制で野党の選挙協力を封じることができるのである。

小選挙区で勝つには、野党は選挙協力をしなければならないが、一票制の場合には、小選挙区で候補者を立てないと比例代表での議席が減ってしまう。逆に、比例代表で議席を取れるように、勝敗を度外視して小選挙区でも候補者を立てると、野党票が分散し、小選挙区は自民党圧勝となる。こういうことで、野党はジレンマに陥《おちい》るのである。人為的に政界再編を促すにはよいのかもしれないが、不自然な印象のある制度である。混合型の制度では、一票制か二票制かも重要なのである。

ドキュメント選挙戦⑦　「死んだふり」ダブル選挙――一九八六年衆参同日選

政界はなかなかの役者揃いだが、この同日選ほどそれを感じさせたときはない。一九八六年に衆参ダブル選挙に至るまでの話である。選挙前の駆け引きが最大の選挙戦であり、選挙そのものは「争点なき選挙」だった。脚本・主演が中曽根《なかそね》康弘《やすひろ》（首相）、助演が後藤田正晴（官房長官）・藤波《ふじなみ》孝生《たかお》（国会対策委員長）といった役どころである。

三年前の総選挙で議席を減らし、新自由クラブとの連立を強いられていた中曽根首相は、早くから夏の参院選に衆院選を重ねる同日選をもくろんでいた。安定多数の回復のためである。候補者の多い自民党では、衆参のダブルだと相乗効果があり、野党の選挙協力を分断できるともいわれる。メリットは一九八〇年の同日選で証明済みと考えられていた。

ただ、障害がいろいろあった。まず、野党が強くこれを警戒し、同日選阻止を最優先させていた。自民党内では秋に総裁選を控えており、「ポスト中曽根」を狙う竹下登、宮沢喜一、安倍《あべ》晋太郎《しんたろう》の三氏がどう出るかも、難しい要素であった。

五月の東京サミットを成功させ、勢いに乗って解散し、六月二二日に同日選、というのが当初のシナリオだった。ただ、それには衆議院の定数是正をしなければならなかった。定数不均衡が拡大しており、是正しないと選挙差し止め請求などで、混乱しかねないのだった。国会では定数是正が最大の攻防となり、紛糾を極めた。最後は坂田道太《さかたみちた》・衆議院議長に取り扱い一任となり、裁定が下った。定数是正が決まったが、一ヵ月の周知期間を置くことにされ、六月二二日の同日選は断念せざるをえない情勢となった。「役者」の登場はここからである。中曽根首相は、議長裁定を受け入れるとともに、密かに「七月六日同日選」とシナリオを書き換え、それをいっさい発言しないことを周囲と申し合わせた。「死んだふり」作戦である。まず後藤田官房長官が、議長裁定後の記者会見で「これで首相の解散権が事実上縛《しば》られることになった」と、同日選断念を匂わせた。野党から党首会談を申し入れられた藤波国対委員長は、「首相は打ちひしがれており」、会談に出られる状況にないと語った。党内では、三人のニュー・リーダーに、「三選は考えていない」と伝え、協力をとりつけた。

そして六月二日、臨時国会を召集し、冒頭で解散、七月六日同日選の日程が決まった。自民党は、衆議院で三〇四議席という、結党以来の大勝利を収めた。参議院でも七二議席を得た。これで中曽根続投論が浮上し、秋の総裁選で一年の任期延長が決まった。

「一芝居打たれた」との印象が残る同日選であった。

混合型と重複立候補制

二つの制度を混合させる場合、ほかにもいろいろ違った方式が考えられる。ここでは、わが国の制度と関連する点に限って言及したい。

まず、小選挙区と比例代表の両方に重複して立候補するのを可能とすることができる。この重複立候補制は、「併用制」のドイツにもあり、わが国でも衆議院の「並立制」に用いられている。参議院でもやろうと思えば可能だが、採用されてはいない。小選挙区の立候補者が、比例代表の名簿にも名を連ねることができる制度であり、小選挙区と比例の両方で当選した場合は、小選挙区で議席を得ることとし、比例の分はより下位の候補者に回される。

ドイツでは、この制度が巧みに用いられ、ほとんど批判は聞かれない。政党にとって重要な候補者を重複立候補させることで、議席獲得を確実なものにしようというのである。たとえば、ドイツ統一の立役者、コール前首相は、出身地がライバル政党の牙城《がじよう》であり、地元の小選挙区では当選が難しく、長らく重複立候補によって比例で議席を得ていた。小選挙区で勝てたのは、統一後初の総選挙のときである。ゲンシャー外相（当時）となるとさらに顕著で、全国人気では最も高いのに、第三党の所属であり、小選挙区ではまったく当選の可能性がなかった。それでも重複立候補を続け、比例で議席を得てきたのである。政党政治なのだから、それでよいのだ、とドイツでは考えられているのである。

ところが、中選挙区制のように、人物本位の選挙を長く続けてきた日本では、その惰性が残っており、違和感が強いようで、重複立候補制には批判が多く出された。一度（小選挙区で）死んだ候補者が、（比例で）生き返ったという「ゾンビ議員」呼ばわりなどがそれである。特に新制度初の総選挙のときはそうであった。

この制度が導入されたのは、小選挙区での当選が難しくなる中小政党の幹部などが、比例で確実に議席を確保できるように配慮することで、並立制の導入を容易にするためであった。有力政治家でも小選挙区では当選がおぼつかなくなるので、こういう制度でもないと、とても新制度には賛成できなかったであろう（堀江湛「政治システムと選挙制度」）。

また、政党側にすれば、選挙運動の効率化のためでもある。重複立候補がないと、一定のレベルの候補者を揃えるのが難しくなるが、その点でこれはありがたい制度である。さらには、選挙の実態が政党本位に近くなるほど、中小政党の重要な政治家も、小選挙区では当選が困難となり、比例でしか議席獲得が見込めなくなる、と予想される。その場合、当選が難しいからといって幹部の政治家が、小選挙区に立たないのでは、比例の票の掘り起こしがさらに難しくなる。こういうことを考えると、重複立候補は政党側にとって、そう悪い制度ではないのである。

有権者にとっては、重要な政治家の当選が確実になるという意味で、運用次第ではよい制度ということになろう。先のコールやゲンシャーの例がそうである。要するに、比例代表制の部分があるということは、政党で選んでいる要素があるということであり、その点が認められれば、重複立候補制にはもっと理解が広まるだろう。仮に開票作業の順序を逆にして、比例の開票を先にやると、印象は一変する。つまり、まず幹部は先に開いた比例で議席を確保する。その後に小選挙区の票が開いて、そこでは落選しているかもしれないが、議席はすでに確保されているのだから大丈夫、ということなのである。

また、アメリカの著名な日本政治研究者G・カーティス*は、重複立候補について興味深い指摘をしている。過去の惰性から、しばらくは現職優位の選挙が続きかねないが、重複立候補をうまく使うと、小選挙区に現職二人という状態が生まれ、次の選挙も激戦となるので、単純な現職優位を回避しうるというのだ(『永田町政治の興亡』)。これは、わが国ではほとんど指摘されなかった点だが、いわれてみればそのとおりであり、過渡的にはかなり重要性をもつ制度となりうるかもしれない。

「並立制」のもう一つの要素は、惜敗率である。これは、比例代表制の名簿で、重複立候補者については同一順位を認め、小選挙区で惜しくも敗れた人ほど、優遇されるという制度である。「惜敗率」は正確には、小選挙区での当選者（最多得票者）の得票数に対する、当該候補者の得票数の割合をいう。

ドイツにはない制度だが、日本で導入されたのは、政党の側の選挙運動を効率的にしたいとの思惑による。先に述べたように、混合型は二つの選挙を同時にやるものだが、単純に比例代表の順位を決めてしまうと、重複立候補している者の一部が、小選挙区での運動で手を抜く可能性がある。それを封じるには、小選挙区で頑張らないと、比例での議席獲得が難しくなるようにしておくのがよい、ということになる。とすると、重複立候補者はみな、同一順位にして競わせ、うまくいけば小選挙区で議席を獲得する。ダメでも、小選挙区で掘り起こした票を比例での得票につなげられるということである。こういうわけで惜敗率の制度は、有権者の側の事情よりも、政党側の事情を重んじた制度ということができよう。

第四章　政治制度と選挙制度

——選挙制度を変えるだけでいいのか

日本の選挙制度論における二つの盲点

この章では、次の二つの観点に重点を置いて選挙制度を論じていく。いずれも、指摘されてみれば特別な観点ではないのだが、わが国の選挙制度論ではとかく無視されがちで、盲点となっている。

一つは、ある政治制度を担う議員や首長の選挙制度を考える場合、その制度が日本の政治制度全体で、どんな役割、機能を果たしているか、という文脈をふまえて論じることである。いわば、その制度を日本の政治システム全体のサブ・システム*（副次的システム）と見る観点である。もう一点は、各種レベルの選挙制度が、必ず他の選挙にも影響を及ぼすということで、したがって、相互作用を考慮に入れて議論しなければならない、ということである。以下では、少し考え方について説明し、それから各論でそれぞれを詳しく述べていきたい。

第一のサブ・システムとしての観点とは、衆議院なら衆議院の選挙制度を考えるとき、日本の政治制度の中で衆議院が担っている役割を、きちんと押さえて議論することである。衆議院は、日本の民主政治システムの一部を構成するサブ・システムなのであり、全体の中でどういう役割、機能を果たしているかを考えないと、その選挙制度は論じられない、ということである。だがわが国では、政治学者の議論ですらそうなってはいない。たとえば、大統領制と議院内閣制の相違を考慮しないまま、議会の選挙制度で重要なのは何よりも「公正さ」であり、公正な選挙制度といえば比例代表制であるといった議論の進め方がそうである。こういう議論の仕方は看過できない問題を含んでいる。

この点を少し別の角度から説明してみたい。ここでシステムという言葉を用いているのは、自覚してのことであり、システム工学のようなエンジニアリング（工学）の発想を入れて考えているのである。たとえば、よい自動車を作るということを考えているとして、エンジンをどうするか、という場合だが、何に使う自動車か、用途を考えないことには、どんなエンジンを用いればよいのか、決まってこない。自動車というシステムの中で、サブ・システムとしてのエンジンを考える、というのは、こういう作業なのである。

議会の選挙といっても、その議会に期待されている機能によって、適切な選挙制度も違ってくるのであり、簡単に「立法府」という呼称だけで考えていてはならない。このことは第二章で見たように、W・バジョットが強調した点であり、議院内閣制の下での議会では、立法の機能よりも、安定した政府（内閣）の創出がより重要だとされていた。だとすれば、議院内閣制の下では、どこかで「多数派の創出」ということを考慮しながら、選挙制度を考えていかなければならないのである。

政治制度全体を見渡したうえで、選挙制度を考えていく必要性は、参議院についても同様である。まず、わが国がどんな二院制をとっているかを、視野に入れておかなければならない。世間一般のイメージと違って、わが国の参議院は、諸外国の上院よりもかなり強力な権限を有しており、法律案の議決については衆議院と対等とさえいってもよい。だからこそ、与党としては参議院でも安定した基盤を維持する必要があり、参議院の政党化はその必然的な帰結であった。

だがわが国では、「衆議院が小選挙区中心となったので、参議院は比例代表制とする」といった類の提案が、わりに簡単に口にされる。しかし、右のような参議院の地位を考えると、そう簡単には考えられないのである。参議院の権限がかなり強力なのに、衆議院と大きく異なる勢力関係がもたらされるような選挙制度が、仮に参議院に導入されると、二院制の国会は麻痺《まひ》状態に追い込まれかねない。

また、政党制との関連も考えなければならない。衆議院への並立制の導入では、「政権交代可能な選挙制度」という理念が語られたが、「参議院の独自性を高めるため」という理由から参議院に比例代表制が導入されると、それが政党制を大きく規定しかねないこととなる。そこでは、次のような展開も予想される。まず、中小政党の一部には、参議院である程度の議席を獲得し、それで生き残りを図る政党が出てくるかもしれない。その場合、衆議院でも、当選は度外視して候補を立てるようにするだろうから、候補者の乱立が続きかねない。このように参議院が別の選挙制度をとっているために、いつまでも衆議院での「政権交代可能な政党制」という目標は達成できない結果となりかねない。

参議院の比例代表制が、非拘束名簿式に改められたことも、この観点からすると疑問である。「政党本位の選挙」を衆議院で目指しながら、それを弱めるような作用をする、「人物本位」の非拘束式を導入したからである。これでは衆議院の改革が帳消しにされかねない。もっと相互関連を考えながら、全体として整合性ある選挙制度にしていく努力をしなければならないのである。

第二の点、つまり諸選挙制度間の相互作用とは、たとえばあるレベル（中央）である選挙制度を採用すると、それが必ず他のレベル（地方）の選挙にも影響を及ぼすことである。また、首長の選挙制度と議会の選挙制度の相互作用である。これはアメリカの場合を考えてみると、よく理解できる。

アメリカは大統領制だから、議会選挙では「多数派の創出」が特に求められることはなく、立法機能だけを考え、それに適した選挙制度を考えることも可能である。また、多民族国家であり、宗教や地域的利害も多様なことを考えると、議会に多様な民意を反映させるため、比例代表制の方が適している面さえもあるといえる。しかし、最も重要な選挙として大統領選挙があり、それは首長の選挙だから小選挙区制と同じ構図となって、二大政党の間で戦われている。そして、それが結果的に議会選挙をも大きく規定しており、二大政党制なのだから議会選挙でも小選挙区制の方が適合的だ、ということになっている。
このことからの類推《アナロジー》でいうと、仮にわが国に首相公選制などが導入されると、衆参の議会選挙や、その他もろもろの選挙に甚大な影響を及ぼすこととなりかねないのが分かろう。つまり首相公選制は、単に首相を公選するというだけにとどまらず、わが国の政治を大きく規定する制度となりかねないのだ。だが、わが国の首相公選論者の主張にふれてみても、多くの場合、そういう点への配慮はうかがえず、疑問を感じる。そして、そういう認識がないまま、気軽に首相公選論が口にされているところに、筆者は選挙制度についてのわが国の甘い認識が反映されていると考える。

大統領制と議院内閣制

衆議院の選挙制度については、わが国が議院内閣制をとっていることを無視できない。大統領制の国とはまったく前提が異なるのである。議院内閣制では、総選挙で選ばれた議会が首相を選び、議会の多数派がその内閣を支えていくのであり、そのため、バジョットが強調したように、「機能する多数派《ワーキング・マジョリティ》」が形成されるかどうかが、決定的に重要となる。バジョットの議論を補い、フリードリッヒはこう書いている。――議院内閣制では、「もし議会が多くの党派に分裂して、政府支持の安定的多数派が議会に存在しなくなったら、一切の政府活動が麻痺する」（『立憲政治と民主制』）。

それに対して大統領制では、大統領が議会とは別に選ばれるので、議会選挙では「機能する多数派」の形成がさしあたり大きな問題にならない。特にアメリカのように、議会で各党が所属議員を党議で拘束しない場合は、大統領は必要に応じて議会工作を行えばよく、それにさえ成功すれば、大統領は必ずしも議会に安定した多数派の基盤をもっていなくともやっていけるのである。

つまり、ここで焦点となるのは、議院内閣制か否かという点と、政党の党議拘束の有無である。わが国では、この点があまり顧みられず、衆議院の選挙制度の議論にアメリカの例が持ち出されたりしている。また、党議拘束については、わが国ではそれがなぜ必要なのか、あまり理解されることがなく、安易に党議拘束の廃止が語られている。党議拘束の問題は選挙制度と密接にからんでいるので、必要最低限のことに限って、ここで説明しておきたい。

議院内閣制は、議会の多数派が与党となって、法案を提出し、議決していくことで、政治を運営するシステムだが、その場合、与党の党議拘束が弱いと、法案可決の見通しが立たず、内閣は立ち往生してしまう。わが国では、次に述べるように、選挙運動と議会運営が対応しておらず、また、議会運営での党議の決定が最悪のかたちでなされているから、国民の間に党議拘束についての不満が強いのは理解できる。だが議院内閣制は、なんらかのかたちでの党議拘束なくしては成り立たないシステムである。

わが国における問題の一つは、選挙運動と議会運営のズレである。西欧諸国は一般に議院内閣制だから、党議拘束があるが、選挙運動も政党本位になされ、一貫性がある。アメリカは大統領制で、党議拘束がないが、選挙運動も個人本位だから、これはこれで一貫性がある。日本はといえば、中選挙区制の下で、個人本位の選挙運動が許容されていながら、国会は党議拘束で政党本位だから、重大なズレがあり、有権者が違和感を覚えるのはもっともなのである。

一九九六年の総選挙でいうと、自民党は消費税を三%から五%に上げる方針を打ち出していたが、少なからぬ自民党の候補者は、「私は五%に反対。三%にしておくには、力のない野党に入れてもダメ。与党の中で反対している私に入れてもらうのが、一番効果的」というように訴えていた。しかし、総選挙の後、自民党は五%の方針を貫き、党議拘束を外しもしなかったので、そのまま五%となった。反対しながら当選した自民党議員の有権者に対する責任はどうなるのか。

このように、選挙運動は個人本位、国会は政党本位というのでは、党議拘束に矛盾を覚える有権者が多いのも当然である。しかし、日本は議院内閣制で党議拘束はなくせないから、一貫性をもたせるとしたら、選挙運動の方を変えるしか方法はない。中選挙区制を廃止し、小選挙区と比例代表制という、いずれも基本的には政党本位に近い制度からなる「並立制」を導入したのは、その意味で、改革の方向としては正しかったといえよう。

もう一つの問題は、党議を決定する時期である。わが国の議会運営では、自民党など与党が、法案提出の前に与党の事前審査で党議を決定しており、そのために国会審議が形式化し、法案修正の余地も狭くなっている。国会審議に入る前にすべてが決定されてしまっているような構図であり、これでは国会が形骸化するのは当然である。野党にすれば、審議の引き延ばしで、審議未了・廃案に追い込むことを目指し、抵抗路線をとるしかないのである。

しかし、西欧諸国では、党議が決定される時期がもっと遅く、委員会採決の前が多い。たとえばドイツやフランスがそうだが、委員会審議は各議員が自由に行い、審議を通じて党議を決定している。そのような方向で改革が検討されねばならない。そうすれば国会審議も活発になり、意味をもつようになるし、修正の余地も広がる。このように議会運営に改革が必要なのはそのとおりだが、それと党議拘束を廃止してしまうこととは、別のはずなのである。

臓器移植の問題のように、特殊な問題について党議拘束を外すのはかまわないが、原則としては党議拘束が外せない。社会民主党などは、原則として党議拘束をしないことにしているが、野党である間はそれでよいとしても、与党になったらどうするのだろうか。仮に「土井たか子首相」が誕生した場合、成立させたい法案を出しても、党議拘束がないと成立の見通しが立たない。いろいろ選挙で公約しても、実現するとはかぎらず、結果的に選挙民を裏切ることになりかねないのである。また、党議拘束のない政党ならば、採決の際の計算が成り立たないから、ほかから連立政権に誘われることもあるまい。確かに、感情的には窮屈な印象が強いので、党議拘束などない方がよいと思われるかもしれないが、議院内閣制を支える柱の一つであり、改革して残していかなければならないのである。

ちなみに、この事情は参議院についても同様である。それはすぐ後で詳しく述べるように、参議院の権限が強力だからである。「衆議院は党議拘束が必要であるにしても、参議院は党議拘束を外すべきだ」と、よく語られるが、党議拘束なくしては、多くの法案が参議院でストップして、国会は混乱に陥りかねない。検討されなければならないとしたら、それは参議院の党議拘束の廃止ではなく、衆参にまたがる党議の決定の廃止である。各党とも、衆参で別々に党議を決定することにすれば、参議院の与党は法案修正などで存在感を発揮できることになるであろう。ここでは議会改革がテーマではないので、これ以上は述べないが、なんらかのかたちで党議拘束を残すことは不可欠なのである。

さて、衆議院に話を戻すと、ともかく現在の日本では議院内閣制を前提に、その選挙制度を考えなければならないのである。とすれば、「機能する多数派」をどのように確保するかを考慮しなければならず、比例代表制などを提唱する場合は、なんらかのかたちで「機能する多数派」を形成できる見通しを立てるべく、細部を工夫しなければならないであろう。

連立政権でも安定性を確保しているドイツのような例もあるので、単純に「連立政権は不安定」などとはいわないが、比例代表制を提唱する者は、過度の小党分立で混乱を招かないように、細部を詰めて選挙制度を語るのでなければならない。ドイツでも戦前の反省から、戦後は単純な比例代表制ではなく、「五％の阻止条項」のある比例代表制に改めており、そのような考慮が重要だということである。

参議院の選挙制度

参議院は、選挙制度論にとって格好の練習問題のような存在である。いい加減に考えるとイージーな案が出やすいが、よく検討してみると、根本から考え抜かないことには、「参議院の目的に適した選挙制度」は語れないのが分かってくる。

わが国で参議院のあり方が議論されると、多くの場合、その「独自性」をどこに求めるかという問題設定がなされる。そして、衆議院と参議院で代表のあり方を別にすることによって、参議院の独自性を生み出そうという主張が多く出てくる。たとえば、一九九一年五月に参議院自民党の斎藤十朗《さいとうじゅうろう》幹事長が提出した私案がそうであり、全部を比例代表にするとしている。ほかにも類似の案があるが、衆議院に並立制が導入されて、参議院の現行制度に近いものとなった現在、特にそのような声が高まっている。

しかし、そのようにして両院の構成を変える提言には、重大な問題が含まれている。衆議院は一般にいわれるほど「優越」しておらず、参議院の権限がかなり強いからである。「衆議院の優越」という漠然たるイメージと、憲法の細かい規定にはズレがあり、ここではそれを無視できないからである。

憲法の教科書的説明では必ず「衆議院の優越」が語られ、一般でも参議院は衆議院と同じ決定を下す「カーボン・コピー*」と語られる。しかし、そのようなイメージとは違って、わが国の参議院は第二院としてはきわめて強い権限を有している。つまり、首相指名、予算案、条約批准でこそ衆議院の優越が明確だが、法律案の処理では衆参が対等に近いのである。参議院で法律案が否決されると、衆議院は三分の二の特別多数でないと再議決できず、それは事実上、不可能に近いから、法律案の議決については、参議院は対等の存在だということである（拙著『「憲法改革」の政治学』第二章参照）。

参議院が衆議院の「カーボン・コピー」のようになっていったのは、与党が努力してその態勢を整えてきた結果のことである。当初、参議院では無所属議員が多く、与党は苦労させられたため、参議院でも過半数を制しておく必要性を認識した。そして、参議院をも衆議院のように政党化していったのである。また、長らく自民党が安定した多数を得ており、衆参の勢力関係に「ねじれ」がなかったためである。ところが、参議院で与野党伯仲になり、次いで与野党逆転となると、与党は参議院でも過半数を確保できるように連立政権を組むことで、なんとか「ねじれ」を解消してきたのである。つまり、「カーボン・コピー」とのイメージは、結果だけを見ての虚像にすぎないのである。参議院は実際には、無視できない強力な議院なのである。

参議院の強力な権限に無頓着なまま、比例代表制など別な選挙制度によって衆議院とは別の勢力関係をつくろうとすると、参議院が国政を麻痺させる「統治能力《ガヴァナビリティ》の破壊者《キラー》」となりかねない。つまり、参議院の権限が弱ければ、衆参での「ねじれ」を放置してもよいのだが、参議院の権限が対等なら、衆議院と同じ与野党の勢力関係を保たなくてはならない、ということである。

G・サルトーリの定式化を引くと、一方の議院の優越が明確で、「両院の権限が不均衡であれば、両院の勢力の構成は類似していなくともかまわないが、逆に両院の権限が均等であれば、それだけ両院の勢力の構成では類似性を求め、確保していかなければならない」のである（『比較政治学』）。参議院の選挙制度は、この点を留意して考えなければならない。

もう一つ、相互作用という観点からは、参議院について次のことがいえる。わが国では、各種の選挙がバラバラな制度で行われてきたために無自覚になっているが、それでは特定の政党制の形成が困難になる、ということである。衆議院では並立制の導入により、政権交代が可能な政党制が目指されているが、参議院で全面的な比例代表制など、衆議院とまったく別方向の選挙制度を導入すれば、衆議院の改革で目指したことも中途半端になりかねない。つまり、選挙制度の全体をある方向に向けてはじめて、目指す政党制が形成されていくのに、衆参がバラバラでは、政党制の方向が見えてこないことである。

参議院のあり方は、仮に独自性を求めるにせよ、選挙制度上の独自性とは別のところに求めなければならない、ということである。第六章で再びこの問題に戻るが、筆者は憲法改正をも視野に入れて、参議院の権限を見直すことから考えるのがよいと思う。

各レベルの選挙制度の関連

わが国で各種の選挙制度がきわめてバラバラになっていることについては、第一章で注意を促しておいたが、それは中央と地方のレベルで特に顕著である。衆議院は小選挙区制を軸とする並立制になったのだが、その観点から見ると地方の現行選挙制度は、奇妙なものに見えてよいはずだが、そのまま放置されている。

いや、国政レベルでも、衆参がバラバラなままであり、最初にその点を少し見ておこう。参議院の選挙区選挙でいうと、小選挙区と同じ構図の一人区が二七あるが、二人区（一五）、三人区（四）、四人区（一）と別の代表原理による部分があって、全体としては統一がとれていない（二〇〇一年現在）。改選数一の小選挙区があるのに、改選数が複数の都道府県でなぜ選挙区を分けて小選挙区にしないのか、合理的な説明はつくまい。小選挙区制と旧来の中選挙区制を混在させて選挙を行うようなものであり、明確な視点をもって見ると、奇妙きわまりない実態であるのが明白である。

選挙結果もきわめて象徴的である。二〇〇一年七月の参院選では、二七ある一人区（小選挙区）で自民党が大半（二五）を押さえ、ここで勝負をつけた。だが、一五ある二人区はすべて、与野党が一議席ずつ分け合っている。これでは、選挙結果は実力の反映というよりは、単純に選挙制度の相違に左右されていることにならないか。さらには、四つある三人区では、すべてが与党二、野党一である。そのうち一議席はすべて公明党が押さえており、三人区は公明党に配慮した「少数代表制」のように見える。唯一の四人区（東京都）ではまた、与党二、野党二（自・公・民・共）と分け合っている。つまりは、奇数区で与党が勝った分で差がついているだけである。いろいろな定数の選挙区を混在させ、単記制で上位から当選という選挙制度のデタラメを、絵に描いたような結果である。

さて、地方議会選挙だが、状況はさらにひどく、都道府県議会や政令指定都市の市議会選挙は、定数がバラバラのまま、すべて単記制で上位から定数の分だけ当選という、中選挙区制のような制度で行われている。その他の市町村議会選挙は選挙区を分けずに行っているので、中選挙区制というよりは、参議院の旧全国区のような選び方をしている。

いずれにせよ、そこでは旧来のままの選挙制度なので、衆議院の小選挙区制とは別の力学に支配されている。「政党本位の選挙」とか、「政権交代のある政党制」といわれても、地方議員には迷惑なだけで、衆議院議員に向かって「昔のようにやってくれ」という圧力をかける結果となっている。並立制導入の後に国会議員の党籍変更が続いたとき、背後で作用していた力学はこれであり、この状況を放置しておいては、衆議院の改革も中途半端に終わりかねない（この点は河野勝『制度』第五章参照）。

ここでは言及しないが、もちろん衆議院の並立制が地方に及ぼしている作用もある。選挙制度は相互に影響を及ぼすのであり、その認識が深まれば、各種の選挙制度の不整合をそのままにしておいてよいはずはないのである。

地方については、選挙制度との関連でもう一つ重要な制度上の問題が残されている。政治改革と併せて、地方分権化を推進するという課題である。中選挙区制の下、地元利益を代表することで選挙に勝てたのは、地方が中央に依存していたからで、その構図がそのまま続くようでは、選挙戦の実態はあまり変わりようがない。そのままなら、小選挙区も地元利益で争われることとなるし、与党議員に利益誘導が期待される構図がそのまま続くのである。

並立制を否定的に評価し、自民党単独政権時代のような「一党優位制への回帰」を予想する論者が、その予測の論拠にしているのは、この点である（佐藤誠三郎「選挙制度改革論者は敗北した」）。与党議員は現職であることを武器に、地元の世話で他の候補に差をつけて、勝ち続けるというのである。現状がそのまま続けば、政治に依存して生活している側面の強い農村部では、そのようなシナリオが成り立つかもしれない。だとすれば、今般の政治改革では、成否の鍵の一つがこの点にあるということである。

この点では、幸い、地方分権推進法などにより、法律的な枠組みは変わってきている。あとは、それを「器の改革」に終わらせないように、付随する改革をきちんと進めることである。

ドキュメント選挙戦⑧　ロッキード選挙——一九七六年衆院選

一九七六年はロッキード事件で政局が振り回された一年である。まずは二月に、アメリカの上院公聴会で、大型旅客機の売り込みの際、日本側に工作資金をバラまいたとの証言が飛び出した。これを受けて捜査が始まり、七月にはついに田中角栄前首相が受託収賄罪の容疑で逮捕された。田中は二年前に金脈問題で首相を辞任していたが、政界で隠然たる力を発揮していたから、話は複雑になる。

時の首相は、「青天の霹靂《へきれき》」で田中の後継となった三木武夫《みきたけお》だが、「クリーン」が売りものだけに、ロッキード究明をすべてに優先させる姿勢を見せていた。

衆議院は暮れに任期満了を迎えることになっていたので、三木は何度か解散を狙った。だが、そのたびに断念させられ、結局は戦後初の任期満了選挙となった（投票日一二月五日）。自民党では三木の政治姿勢に反発を示すグループが退陣工作を続け、「挙党協」（挙党体制確立協議会）を結成して、三木陣営と対立していた。事実上の分裂選挙である。また、それとは別に、自民党に見切りをつけた若手グループが六月に離党し、河野洋平《こうのようへい》氏を指導者として新自由クラブを結成していた。

ロッキード事件では、田中のほかに橋本登美三郎《はしもととみさぶろう》、佐藤孝行《さとうこうこう》両氏が逮捕・起訴されていたが、三人は無所属で出馬した。この「黒色高官」のほかにも、事件と関連ありとして三人の「灰色高官」の名前が公表されていたが、こちらは自民党公認で立候補した。

与野党逆転の可能性も語られていたから、各党の議席が注目されたのは当然だが、それとともに、この六人の当落も焦点となった。

定数が二〇増えていたが、自民党は二六五議席から二四九に減り、単独過半数を割る敗北となった。しかし、保守系無所属の大量入党で、なんとか過半数を確保した。増えたのは公明党であり、三〇を五五に伸ばしている。初登場の新自由クラブは新党ブームで、五議席から三倍以上の一七議席となった。ロッキード組では「黒色高官」の一人佐藤孝行が落選しただけで、残り五人がすべて当選し、地力を見せつけた。田中はもちろん、ほかの二人もトップ当選である。

自民党では、三木が責任をとって辞任し、「挙党協」の福田赳夫《ふくだたけお》が後任総裁となった。首相指名では過半数を一票上回っただけだったが、福田内閣が発足することとなった。全体として政治変動は中途半端となったが、投票行動の調査によれば、これだけの大事件があっても、大半の有権者は経済問題を主に投票を決めており、政治的な大変動を起こすインパクトとしては不十分なのであった。

ドキュメント選挙戦⑨　初の衆参ダブル選挙──一九八〇年衆参同日選

一九七〇年代には、自民党内で「三角大福中」の五人の指導者が、激しい権力闘争を展開した。三木武夫、田中角栄、大平正芳《おおひらまさよし》、福田赳夫、中曽根康弘各氏が、複雑な合従《がっしょう》連衡《れんこう》を繰り返すありさまは、「自民党戦国史」などとも呼ばれた。その最後を飾るのが、一九八〇年の衆参同日選挙であり、これ以後はかなり趣《おもむき》が異なる政局となる。

話は、一九七八年一一月の自民党総裁選から始めなければならない。二年前に福田が首相の座に就くについては、福田−大平の禅譲の密約があったとの噂がささやかれていた。しかし、福田はそれを否定し、総裁選出馬を表明。二年前の盟友大平は敵となった。当時は党員・党友の予備選挙があって、福田優勢が新聞の予想だったが、それをくつがえして大平がトップとなった。福田は「天の声にも、たまには変な声もある」との名言を残して本選を辞退。大平総裁が誕生した。大平内閣の発足である。

大平は、早くから一般消費税導入を唱えていたが、一九七九年一〇月の総選挙では野党がそれを批判して、自民党は後退した。自民党内では責任論が浮上し、大平批判に火がついたが、大平はしぶとく粘り、「四〇日抗争」を戦い抜いて、総裁の座を保持した。自民党は分裂状態のまま首相指名選挙に入り、決選投票で大平再選となった。

しかし、それで事は収まらず、一九八〇年に入っても党内では抗争が続いた。予算だけはなんとか成立させ、六月の参院選に向けて走り始めたが、その頃、浜田幸一《はまだこういち》衆議院議員のラスベガス賭博事件などが発覚し、党内では再び大平攻撃が強まった。社会党が自民党揺さぶりを狙って大平不信任案を提出すると、自民党反主流派が欠席で同調し、これが可決された。衆議院は、わずか八カ月で「ハプニング解散」となり、衆参同日選挙となった。

不信任案で野党に同調したのだから、自民党反主流派には新党結成を模索する動きもあった。野党と選挙後の政権について協議する指導者もいた。しかし、選挙運動中に大平が倒れ、急死すると、それでムードが一変し、「弔《とむら》い選挙」の様相が濃くなった。六月二二日の投票の結果は、衆参とも自民党の大勝となり、自民党は久しぶりの安定多数を確保した。

後継首相には、意外な人事ながら、党内の混乱を収めやすいということで、大平派の鈴木善幸《すずきぜんこう》氏が選ばれた。ハプニングに始まり、ハプニングに終わった選挙戦である。

首相公選制の問題性と実質的な代替案

政治制度と選挙制度の関連を考えるうえでは、話題になることの多い首相公選論も格好の練習問題である。首相公選論が高まってきた背景には、自民党の総裁選が事実上、「密室」で行われるようになったという、国民の不満がある。これは、一九八〇年に鈴木善幸内閣が成立し、「田中派の二重支配」が語られるようになった頃からのことで、この二〇年近く、自民党の総裁選出過程は不自然なものとなっている。そのため、国民に不満が強まり、首相公選論が高まってきたものと考えられる。

首相の選出に国民の声を反映させようとの志向性は理解できるが、政治制度の全体を考えて検討してみると、疑問点が少なくない。議院内閣制との関係をどうするのか、大統領制に近いものにする場合は、党議拘束はどうするのか、公選首相と国会の間で「ねじれ」が生じた場合にはどうするのか、といった点を考えてみると、あまりにもナイーヴな首相公選論は、政治的にはきわめて無責任となりかねないのである。

問題点の一部は地方政治を考えてみると、すぐに理解できる。実は、わが国も地方では「大統領制」を採用しており、ときに混乱を経験しているからである。地方では首長が議会と関係なく、直接、選挙で選ばれる制度だから、議院内閣制ではなく、大統領制型の統治機構である。そこでは、議会に支持基盤のない首長が選ばれる可能性があり、そうなると条例案や予算案などが議決できないことにもなりかねない。代表的な例はかつての「革新知事」であり、保守派議員が多数を占める議会で立ち往生した知事が少なくない。それと同じことが、「公選首相」の場合には国政でも生じかねないのだ。

首相公選論者が多かれ少なかれ念頭に置いているのは、アメリカだと思われるが、アメリカで、議会に弱い基盤しかない大統領でも、なんとかやっていけるのは、サルトーリが説くように、特殊な条件が重なってのことである。つまり、①アメリカ政治が思想的な原理・原則〔の対立〕で動いていないこと、②政党が脆弱《ぜいじゃく》で党議拘束がないこと、③政治の中心が連邦レベルになく、ローカルなレベルに重点があること、などがそうである（『比較政治学』）。

この点を考慮するなら、首相公選制を提唱する場合は、いろいろな可能性を想定して、混乱が生じない制度を慎重に考えておかなければならない。筆者は、フランス型の「半大統領制」に近い制度を組み込むなど、周到な配慮をしないのであれば、とても首相公選制には賛成できない、と考えている（拙著『「憲法改革」の政治学』第一章参照）。

そして、そういうことを提唱するくらいなら、どうして国政選挙のあり方を改革して、国民が首相の決定に実質的に関与できる仕組みを導入しないのか、と考えるのである。戦後のドイツが次第に慣例として確立してきた方式がそれであり、わが国にとってきわめて示唆に富むものである。筆者はドイツの選挙を直接の専門分野としてきたので、首相公選論を意識していない時期から、この方式を紹介してきたが、今こそ多くの人に知ってもらいたいと思う仕組みである。スローガン的にいうと、「大改正が必要なのに結果が不確実な首相公選制よりは、小さな改革で効果が確実なドイツ方式の導入を！」ということになる。

ドイツ方式とは、総選挙で各党が首相候補を明示して選挙戦をやるものである。連立でなければ政権樹立が困難な場合は、マスコミが政党に連立の相手を明示させるようにしている。日本で行うとすればこうなる。──各党は党首の任期を総選挙に合わせ、原則四年とし、与党はその党首を次の選挙まで担ぐこととする。政権の主軸を担いうる政党は、総選挙では「わが党が政権を取れば、首相はこの人」という点を明確にして選挙戦を行う。単独政権の見通しがない場合は、連立についての方針をも明示させる。

こうすれば、有権者は選挙で政権を選択すると同時に、結果として首相をも選ぶかたちになる。実質的な首相公選であり、首相候補がよくないと、その政党の議席数にも影響する。ドイツでいうと一九八〇年の総選挙が特にそうであり、保守政党（キリスト教民主同盟／キリスト教社会同盟）はシュトラウスというかなり右派色の濃い指導者を担いだために、中道的な現職首相シュミットがよいという有権者の票を逃すこととなった。その結果、シュミットの社民党は、党としては劣勢であったが、この総選挙を乗り切ることができた。ドイツでは総選挙に首相選択の要素があるためである。

　予想される日本的な誤解を避けるために、あらかじめ述べておくと、この場合、総選挙の勝敗とは、あくまで政権獲得か否かであり、議席の増減ではない。三木武夫内閣の総選挙では、自民党は議席を減らしたものの、過半数を占め、政権を維持したが、自民党は「敗北」と総括して、三木退陣となった。これでは、総選挙で三木内閣の継続を期待した有権者は、詐欺《さぎ》にあったようなことになる。参議院のこともあるので、単純ではないが、こういうルールをしっかりしていくことで、首相公選に近い内実を実現できるのである。

　ドイツ方式に近い運用は、憲法学からも唱えられている。たとえば、高橋和之氏のいう「国民内閣制」の提案がそうである（「議院内閣制――国民内閣制的運用と首相公選論」）。

　これは、現代の民主政治にあっては「選挙と同時に首相と政策体系の選択が行われるのが望ましい」との立場から、総選挙で国民が衆議院議員を選ぶだけでなく、それを通じて首相の選出にも国民が関与できるようにしようというものである。つまり、「国民内閣制論」とは、「議院内閣制の法的枠組みはそのまま維持しつつ、その運用を通じて事実上〔首相公選論の〕目的の実現を図ろうとする」ものである。

　イギリスのように二大政党制が出来上がり、小選挙区制の下で第一党になった党の党首を首相とする慣行ができれば、これと同じことになる。ドイツ方式では、二大政党制でなくともかまわないので、実現はより容易である。いずれにせよ、総選挙のあり方を変えることで、首相選出に国民の意向を反映させることができるのであり、問題解決の方向としては、ずっと現実的だと考えるのである。

こういうことまで含めて考えると、選挙というものは方法次第ではいろいろな目的を実現できるものになしうるのである。

第五章　選挙制度の作用

——選挙制度を変えれば政治は変わるのか

選挙制度改革が論じられた一九九三年前後には、いろいろなことが語られた。一方では、「小選挙区制によって、英米型の二大政党制を樹立する」とか、「政治腐敗を正すには、原因となっている中選挙区制を改めなくてはならない」として、選挙制度の改革が語られた。他方では、「選挙制度を変えても日本の政治が変わることはない」という声も、根強く聞かれた。いったい選挙制度にはどのような作用があり、その作用はどれだけ強力なのだろうか。この章では、選挙制度の作用を幅広く検討していくこととする。

デュヴェルジェの法則

まずは、選挙制度について最も激しい議論が繰り広げられる問題、つまり政党制（政党システム）への作用について考える。

「小選挙区制で二大政党制の実現を」というような主張は、ある選挙制度を採用することにより、ある政党制がもたらされるという考えである。このような考えは、政治学者の間では「デュヴェルジェの法則」*として知られる。フランスの政治学者の名をとったものだが、彼のオリジナルな考えというよりは、いろいろなかたちで述べられてきたものを、彼が最初に体系的にまとめたことから、そう呼ばれているものである。

それは、わが国では単純化され、「比例代表制では多党制となり、小選挙区制（相対多数代表制）では二大政党制になる」と語られている。だが、正確には次の三つの法則をいう（「デュベルジェの法則――四〇年後の再考」）。

①比例代表制には多くの政党を形成する傾向がある。

②相対多数代表制には、二党制をもたらす傾向がある。

③二回投票制には多くの政党を互いに連合させる傾向がある。

それぞれ簡単に説明しておこう。

①比例代表制では、少ない票でも議席を得られるので、政党は選挙でバラバラに戦うから、小党でもそのまま残れる。政党間の連携や合同は促進されないし、また、逆に分裂しても議席がある程度確保できるから、多党制化しやすい、と考えられる。

②小選挙区制など相対多数代表制では、大政党でないと議席獲得が容易でないので、二党制となりやすいといわれる。デュヴェルジェは、その理由には、「自動的《メカニカル》（機械的）要因」と「心理的要因」があるという。自動的要因とは、小選挙区で当選するのは第一党か第二党の候補者ばかりで、第三党以下では議席獲得が難しいため、結果的に二党制に近くなるということである。心理的要因とは、有権者が第三党以下の候補者に投票しても、議席に結びつかないので、死票になるのを嫌い、当選可能性のある候補者に投票するようになるため、結果として二党制に近くなるということである。有権者の心理にもとづくものなので、こう呼

ばれる（『政党社会学』）。

③二回投票制とは、フランスのように、一度目の投票で誰も絶対多数（過半数）を得られない場合、決選投票に持ち込まれる制度である。絶対多数にこだわる制度なので、絶対多数代表制といわれる。そこでは、優越的な政党がないかぎり、一度目は多くの政党がバラバラに候補者を立ててもかまわないので、多党制となるが、決選投票の場合には連携して臨まないと勝ち目がないので、政党間の連合関係ができていくという。

ここしばらくのフランスでいうと、保守主義派と自由主義派が組み、社会党と共産党が組んで戦うことが多い。社会党と共産党は、一回目の結果を見て、社会党候補が上位になったら共産党は候補者を下げるし、逆なら社会党が候補者を下げ、左翼勢力の議席を増やすよう試みる。これを候補者調整《デジストマン》というが、この結果生まれた政党制が、「四党二ブロック制」と呼ばれる構図である。四党からなる多党制だが、連携関係ができており、二ブロックに分かれている、というのだ。

このデュヴェルジェの説は、選挙制度が議席の配分、ひいては政党の数にどのような作用を及ぼすかというものである。ちなみに、この観点では、中選挙区制は小選挙区制（多数代表制）と比例代表制の中間的なものに位置づけられることが多く、レイプハルトは「準比例代表制」とし（『民主諸国』）、ノーレンは「準多数代表制」と呼んでいる（『選挙制度と政党制』)。ほかにも若手のドイツ人日本政治研究者A・クラインが調べたところでは、「少数代表をともなう多数代表制」など、多くの呼称があり、外国人研究者の困惑ぶりがうかがえるようだ(クライン『改革の対象としての選挙制度』)。これは、最近の外国の研究者による中選挙区制の分析に、このような量的分析を主とするものが多いからだ。選挙制度につき、「票を議席に換算する方式」という観点からのみ分析するものである。筆者は本章の後半で詳述するように、それ以外の観点を重視するものであり、このような分析に飽き足りないものを感じている。

それはさておき、右のデュヴェルジェのような説は、基本的には選挙制度の作用は強力だとする立場からなされており、デュヴェルジェはその代表とされてきた。ほかに著名な学者としては、ドイツのヘルメンスなどが、選挙制度の作用をきわめて大きいとする学説をとっている。選挙制度の「強力効果説」と呼んでおこう。

ロッカンらのデュヴェルジェへの批判

選挙制度の作用を強力なものとする「デュヴェルジェの法則」は、アメリカ、イギリス、フランス、ドイツなど、主要国の歴史的事例をうまく説明するように思われるので、一般の人々だけでなく、政治学者の間でも支持者が少なくない。

しかし、中小諸国も含め、幅広く検討してみると、この「法則」にあてはまらないケースが少なくない。ノルウェーの政治社会学者S・ロッカン*などは、包括的な比較研究を重ねて、デュヴェルジェのような考え方に厳しい批判を向けた。詳細にデータを集めて検討してみると、デュヴェルジェの説と矛盾するケースが少なくないというのである。大国の限定された経験から、過度の一般化がなされてはならない、というのである。

各国の歴史、政治的伝統、政治文化、国内のイデオロギー対立などが考慮されねばならないとされ、宗教、言語、民族、階級など、各国の社会内で政治的な対立を生む社会構造上の要因が重視される。それを、社会構造上の「クリーヴィッジ」（対立基軸、分界線）というのだが、クリーヴィッジのあり方によって、同じ選挙制度でも異なる政党制になっているというのである。そこでは、クリーヴィッジの数やタイプが重視されることとなる。

ロッカンは、そのような観点から選挙制度を研究したのだが、その主張はたいへん包括的な比較研究の上になされている。小国ノルウェー出身の彼は、大国中心のデータに偏《かたよ》らず、広い歴史的視野から、縦横無尽に選挙制度について論じている（ロッカン『選挙制度』）。たとえば比例代表制は「少数派保護」の観点から主張されただけではないという。歴史的には普通選挙制の導入の際に、旧勢力が一定の勢力を確保しておくために主張するなど、「反社会主義的」な観点から採用された時期もある、というのがその例である。

こうしてロッカンは、「デュヴェルジェの法則」に合致しないケースを多く示した。カトリック勢力と世俗的勢力に二分されているオーストリアでは、比例代表制にもかかわらず、二大政党制に近い結果となっているし、逆に地域的に政党の強弱のあるカナダでは、小選挙区制にもかかわらず、単純に二大政党制とはならず、第三党以下の政党がいくつか残ることになっている。また長らく戦後ドイツ（西ドイツ）では、「緑の党」の台頭まで、比例代表制の下で三党制が続き、政党の増加は見られなかった。社会構造から自然に政党制が出来上がるのだから、人為的に選挙制度を変えても政党制が変わるわけではない、という主張である。

選挙制度と政党制が関連あるように見えるのは、多党制の国で、それに見合った選挙制度として比例代表制が採用されるなど、既成の政党制に即して、それに合う選挙制度が選ばれているからだ、というのである。つまりは、政党制が先にあり、選挙制度は結果である、という面があるとの説である。ここでは、選挙制度が大きな影響力をもつとの強力効果説は否定されているのであり、このロッカンの立場は「限定効果説」と呼べよう。

ロッカンの説を巧みに要約して、V・ボクダノア[*]はこう書いている（「選挙制度と政党制」）。

「選挙制度が基本的なものだとする〔デュヴェルジェらの〕理論とは対照的に、選挙制度は〔政党制などの〕原因ではなく、まったく結果的なものであると主張する理論が提起された。

選挙制度は、それ自体が、社会的、歴史的要因の所産たる諸政党の配列構図《コンフィギュレーション》に由来する、とされた。……新しい理論の本質は、政党制の動向が、選挙制度や何らかの制度的要因によって決まるのではなく、その社会のクリーヴィッジのタイプや数によって決まるとするところにあった。もし〔その国に〕多くの社会的クリーヴィッジがあるなら、相対多数代表制や絶対多数代表制の下でも、多党制となるだろう」。

サルトーリの選挙制度論

このように選挙制度の作用については、強力な効果があるとするデュヴェルジェのような学説と、効果は限定的とするロッカンのような学説とがある。こう見てくると、わが国で一般になされる議論も、あながち学術的論争と無関係ではないのが分かる。選挙制度を変えれば政党制を変えることができるという主張も、そんなことはないとする見解も、それぞれ学術的な代弁者がいるのである。

確かに、効果があって法則化できるという説も、逆に効果は確認できないという説も、両方とも説得力がありそうだが、ほんとうのところはどうなのだろうか。「デュヴェルジェの法則」が単純にすぎるのはそのとおりだとしても、さほど作用はないというのも言い過ぎではないか。選挙制度を変えるというと、政治家が騒ぎ出すのは、なんらかの作用があるのを体で感じているからである。とすると、何か両者をうまく包摂する理論はないものか、という期待が出てくる。

現にそういう線での重要な試みが、すでになされている。政党論で著名なG・サルトーリの学説がそれである。『比較政治制度設計論』（*Comparative Constitutional Engineering*）とでも訳せる表題の書物（邦訳『比較政治学』）で、彼は自説を展開している。かなり抽象度の高い理論だが、きわめて重要な学説なので、平易に解説を加えながら紹介していく（本書における訳語・訳文は加藤。関連論文の邦訳が加藤ほか編『政治社会学』第五版にある）。

サルトーリは、選挙制度の政党制への作用について、次のように理論枠組みをつくって論じていく。まず、政党制の「構造化」という基準を設け、二つのタイプに分ける。政党がその国の社会によく根を下ろし、構造化されているかどうかである。その点に着目して、構造化の「強い政党制」の国と、構造化の「弱い政党制」の国が分けられる。「構造化」について彼はいろいろな説明をしているが、ある箇所で伝統的な用語を使い、組織的な大衆政党と名望家政党の対比に置き換えている。大衆が政党に関与するタイプが大衆政党であるのに対し、名望家政党は一般大衆が政党に加入せず、有力者のみが関係するタイプの政党をいい、議員政党とも呼ばれる。つまり、構造化の強い政党制とは、組織的大衆政党が一般的な国であり、逆に構造化の弱い国とは、議員政党的な名望家政党が多い国のことである。

この基準でいうと、日本は自民党が名望家政党の体質を強く残しているように、構造化の程度の低い国ということになる。共産党や公明党のような、組織的大衆政党の色彩が強い政党もあるにはあるが、両党はわが国では例外的である。

逆に、構造化の強い国としては、イギリスなどを念頭に置けばよいであろう。党員が多く、誰が候補者に決まっても、党員は一所懸命に選挙運動をやってくれるからである。

サルトーリは、これを選挙制度の議論につなげていくのだが、それは次のようなかたちで展開されている。

まず、デュヴェルジェの説では、多数代表制（小選挙区制など）は二党制を促すということになるが、それはイギリスのように、構造化の強い国で生じる現象であり、日本など構造化が弱い国では、そうなるとはかぎらない。

小沢一郎、羽田孜、菅直人の各氏など、強力な野党政治家に見られるように、どの党から出ようと当選する候補者が少なくない。これは、わが国の選挙が、人物本位の選挙の色彩が濃いからであり、このような土壌の下、岩手県では自民党と自由党が激しく競い、東京都、長野県では自民党と民主党が激戦を繰り広げるということが起きる。その結果、地方ではそれぞれ二党の競合があり、二候補者の競合があっても、全国的に二党制に近い構図になるとはかぎらないのである。

日本と前後して並立制を導入したイタリアでも、政党の勢力が地域によって大きく異なるため、全国レベルでは二党制となっていない。

また、構造化の程度が低いということは、政党が単にレッテルのようなものに近いので、どの党から出馬しようとあまり関係なくなる。無所属候補でも当選できるのはそのためで、この点でもわが国の現状は「構造化の弱い政党制」から脱しきれていない。選挙区によっては自民党公認と自民党系無所属が激しく争っている選挙区もあって、これでは二党制とはならない。

サルトーリの議論はさらに、次のように進められる。まず、政党制について構造化の「強い政党制」と「弱い政党制」があるように、選挙制度にも二つのタイプがあるとされる。その基準は選挙制度の「拘束性」の強弱である。拘束性には、有権者に対する作用と、政党への作用とがあり、有権者に対して選択肢が少ないところで選択を迫る制度は、「拘束的」な選挙制度である。小選挙区制では、候補者が絞られることになるので拘束性が強く、比例代表制では政党が乱立してくるので、拘束性が弱いと考えられる。

また、政党に対しては、政党の数を減少させるように作用することを「拘束的」と呼んでいる。たとえば、小選挙区ではバラバラでは勝てないからまとまろうとするので、小選挙区制は拘束性が強い制度ということになる。逆に比例代表制では、その圧力が弱いので、比例

図表11　政党制と選挙制度の組み合わせによる影響

		選挙制度〔の拘束性〕	
		強い（多数代表制）	弱い（比例代表制）
政党制〔の構造化〕	強い場合	（1） 選挙制度による政党数削減の効果あり	（2） 選挙制度の効果は政党制によって相殺・妨害される
	弱い場合	（3） 選挙区レベルでの削減効果のみ（全国レベルは別）	（4） 影響なし

代表制は拘束性が弱いことになる。

つまり、この基準でいうと、小選挙区制などは、拘束性の「強い選挙制度」であり、比例代表制は拘束性の「弱い選挙制度」となる。

このように、二つの選挙制度の類型と、二つの政党制の類型があるが、それぞれの組み合わせで、四つのケースが生じてくる。それぞれについて検討していく（図表11参照）。サルトーリの狙いは、それぞれケースに応じて選挙制度の作用が異なることを、明確に示すことである。

第一は、政党が社会に根を下ろしている国で、小選挙区制など多数代表制が用いられる場合である（「拘束性の強い選挙制度」と「構造化の強い政党制」の組み合わせ）。イギリスがそうだが、小選挙区制の政党数削減の作用が働き、政党数は減少し、二党制に近くなると考えられる。

第二は、政党が社会に根を下ろしている国で、比例代表制が採用される場合である（「拘束性の弱い選挙制度」と「構造化の強い政党制」の組み合わせ)。そこでは、比例代表制のオーストリアが二党制となっているように、比例代表制の効果(政党数増殖効果)は強い政党制によって相殺され、あまり生じない。つまり、二大政党制がしっかり構造化されている国で比例代表制を採用しても、選挙制度の作用はあまり働かず、既存の二大政党制に変化をもたらすことはないというのである。

第三は、政党があまり社会に根を下ろしていない国で、小選挙区制など多数代表制が採用される場合である(「拘束性の強い選挙制度」と「構造化の弱い政党制」の組み合わせ)。選挙区レベルでこそ、二人の候補者が激しく争うことになるかもしれないが、それがそのまま全国的な二党制となる保証はない。日本の場合は、前述のように、政党制の構造化が弱い国と考えられるので、衆議院「並立制」の小選挙区制も、全国レベルではストレートに作用しないのである。

第四は、政党があまり社会に根を下ろしていない国で、比例代表制が採用される場合である(「拘束性の弱い選挙制度」と「構造化の弱い政党制」の組み合わせ)。この場合、選挙制度が特に作用を及ぼすことはない。したがって、その国では既存の政党制が、そのまま続いていくと考えられる。

以上が、サルトーリの議論の骨格であり、選挙制度は政党の数の増減に作用を及ぼすかどうかは、その国の政党のあり方(政党制の構造化の程度)に左右されるという学説である。

こう整理してみると、多くの現象がうまく説明できるのであり、きわめて有力な学説といってよいであろう。

わが国についていうなら、こうである。衆議院が小選挙区制を導入しても、二党制らしい状況がいまひとつ鮮明に出てきていないが、それは政党と社会の関係のためである。つまり、日本の政党が十分に社会に根を下ろしておらず、「構造化の弱い政党制」となっているからである。

本気で「政党本位・政策本位」の選挙を目指し、「政権交代のある政党制」を目指すなら、現在の政党のあり方を放置しておいてはならないのであり、参議院選挙や地方選挙も含めて、すべて改革していかないことには政党制は構造化されず、選挙制度の作用は生じてこない。せっかく衆議院で政党制を強化しようとしても、参議院の制度がそれと別では、効果が半減されるし、地方議員の選挙が政党本位から遠い現状のままでは、それが足をひっぱる要因となり、政党制の形成は進まないのである。筆者が「いまひとたびの政治改革を！」と声を大にして呼びかけたいのは、このためである。

選挙制度と政治システムの安定性

本章ではこれまで、かなり詳細に選挙制度が政党制に及ぼす作用について、学説を紹介しながら説明してきた。次いで、政治システムの安定性に及ぼす選挙制度の作用について考えてみたい。

よく聞かれるのは、「比例代表制は小党分立を招き、政局不安定となる」というような説である。このことについては比例代表制だった戦前のドイツ（ワイマール共和国）が、政権不安定からナチス独裁を招いたことがよく言及される。このように、選挙制度によって政党制が決まり、さらには政権の安定度が決まる、というような主張がなされるのである。

そして一般的には、二大政党制だと単独政権なので政権が安定し、小党分立では連立政権となって政局不安定となる、と語られる。単純明快な命題だが、この数十年来、政治学ではそこまで単純な議論はしなくなっている。アメリカの政治学者ドッドらの研究により、連立政権の安定度が多くの要因によって決まること、連立政権のすべてが不安定とはかぎらないことが確認されてきているのである。そこでは戦後のドイツが代表例にされ、多党制のためにすべてが連立政権になっているものの、政権の安定度はきわめて高い、という例証にされている。

政党制との関連では、サルトーリが別の著書で述べている点が重要である（『現代政党学』）。つまり、多党制と一括される政党制の中に重要な相違があるのであって、「主要政党が三つ以上なら多党制で、連立政権となり、政権は不安定となる」という一般化は妥当しないのである。同じ多党制でも、そこには二つの類型があり、その相違が重要だとされる。一方は、政党の数が三〜五党くらいに収まり、主要政党の間で政策の違いが大きくない「穏健な多党制」であり、それなら戦後のドイツのように安定した連立政権が組まれる。それに対して、政党の数が六つ以上になり、左右の極に有力な政党が存在する「分極的多党制」だと、かつてのイタリアのように、連立政権も不安定となる、ということである。

つまり、多党制といっても政党の数に幅があり、左右の極に有力な政党が存在する場合とそうでない場合があって、連立政権の安定度は大きく異なるのである。

また、「五五年体制」での自民党のように、一党が支配的な地位を占め続ける「一党優位制」や、「二大政党制」では、単独政権となって安定する、といえるかというと、これも簡単ではない。自民党は「派閥連合政党」だといわれることがあるが、それは自民党がいくつかの派閥からなっている政党であり、自民党の単独政権の場合でも、派閥の間での複雑な合従連衡《がっしょうれんこう》で政権ができているために、ある種の連立政権と見なした方が、その本質をよく理解できることをいうものである。そこでは、党内での微妙な派閥バランスが崩れると、首相の交代に至り、短命政権となる、というパターンも存在する。したがって、単独政権は安定するとも、単純にはいえないのである（拙著『ドイツと日本の連合政治』第一〇章参照）。

とすると、あまり単純な一般化はできないことになり、確実なこととしては、極端な小党分立は政局不安定につながりやすい、というくらいのことしかいえない。そこで、選挙制度との関連で語ることができるのは、議院内閣制の下で比例代表制のような制度を採用する場合には、極端な小党分立を回避する工夫を制度に組み込む必要性がある、ということである。ドイツでいうならば、戦前の単純な比例代表制に代えて、戦後は阻止条項を設け、ハードル（敷居）のある比例代表制としている。全国の集計で得票率五％未満の政党には、議席を配分しない、という制度である。

どの程度のハードルがよいかは、それ自体が詳しく検討してみなければならないテーマである。ここではドイツの例を少し見て、問題の複雑さを示すにとどめておきたい。まず、戦後長らくは三党制で特に問題はなかった。単独過半数は難しくとも、二党の連立で十分に過半数を確保できたからである。また、政党のイデオロギー上の相違も小さく、三党が相互に連立可能であり、事実、すべてのパターンの連立政権を経験している。しかし、これが四党以上となると、急に難しくなってくる。

まず一九八〇年代中盤からは、「緑の党」が登場し、四党制となった。当初、同党はきわめて急進的で、他の党との連立は困難だったが、そういう党が割り込んできたことで、連立については状況が一挙に複雑化した。選挙結果によっては、二大政党の大連立以外では多数政権が樹立できないことも懸念されるようになったのだ。ドイツ統一後は、旧東ドイツ支配政党の後継政党が連邦議会に地位を占め、五党制となった。この党もまた他の党との連立が困難な政党であり、連立をめぐる状況はさらに難しい局面に入った。実際には、「緑の党」が現実主義化して、社民党と連立しているので、破局的な事態は回避されているが、ドイツでも事情は楽観できなくなっているのである。

こういうことを考えると、極端な小党分立を回避するために阻止条項を設ける場合、どれだけのパーセンテージを条件とするのか、よく考えなければならないのである。阻止条項は、議会進出のハードルとなるものだが、同じ目的は、もう一つ別の方法でも達成できる。前述のように、比例代表制で選挙区の定数をあまり多くしない場合がそうである。

わが国の衆議院のブロック別でいうと、こうである。近畿ブロックのように多いと(当初三三で現在は三〇、次回からは二九)、小党も議席獲得を期待できるが、四国のように少ないと(当初七で現在は六)、小党の議席獲得は困難になる。つまり、ハードルを上げるには、選挙区を小さくして、定数を少なくすればよいのであり、逆にハードルを下げるには、選挙区を大きくして、定数を多くすればよい。

もっとも、いずれの場合でも、ハードルを上げると死票が増えていくわけであり、比例代表制の趣旨から離れていくので、どのようにバランスをとるか、比例代表制論者にとっては頭の痛い問題となる。

選挙制度と政党の性質、選挙運動

　これまで、選挙制度の作用という点では、最も中心的なテーマについて論じてきた。つまり、政党制への作用と政治システムへの作用についてである。以下では、それ以外の点について検討していくこととしたい。選挙制度の作用については、イギリスの政治学者V・ボクダノアが包括的に整理しており、ここでもその枠組みに沿って進めたい（「選挙制度と政党制」）。次の六点である。

①政治システムの安定性
②政党システムへの作用（政党の数への作用）
③政党の性質への影響（政党内部の凝集性、政党の議員に対する拘束力、他の党との連携関係などへの作用）
④議員と選挙民との関係への影響
⑤議員・候補者の補充《リクルート》のあり方への影響
⑥選挙運動への作用

①〜⑥の論点への焦点の当て方では、欧米と日本でかなり相違がある。つまり、これら論点のうち、欧米で一般に言及されるのは、なんといっても、①政治システムの安定性と、②

政党システムへの作用なのだが、日本では「選挙とカネ」の問題もよく議論されており、これはわが国の目立った特徴といわなければならない。

ボクダノアは、⑥「選挙運動への作用」という項目を数え上げているが、これは欧米の文献では例外的な方であり、選挙制度と政治資金を関連づける議論は、外国ではあまり聞かれない。アメリカのように選挙資金が膨張している国もあるのだから、これは選挙資金問題の有無ではなく、それを選挙制度と関連づけて見る視角があるかどうかの問題であろう。

これまで、①と②は検討が済んでいるので、③以下について述べていけばよいのだが、特に⑥については、選挙資金の問題と関連があるので、多少詳しく見ていくこととしたい。また、それとの関連で、派閥については体系的に述べていきたい。

さて、まずは③の「政党の性質」への作用である。他の論点もみなそうであり、多くの要因が作用して決まることだから、簡単には一般化できないが、「他の要因が同じならば……」との仮定を置くと、次のようにいえる。つまり、政党本位の選挙制度にすると、それだけ政党は強固になり、候補者本位の選挙制度では、政党は弱くなると考えられることである。たとえば旧中選挙区制は、個人本位の選挙運動の余地の大きい制度だったので、議員（候補者）は党籍を変更したり、無所属になったりしても、選挙運動にはさほど支障がなかった。

しかし、小選挙区制の下では、党を離れれば、対立候補を立てられることを覚悟しなければならないなど、かなり政党の拘束力が強まると考えられる。

政党が強固でないところに生まれるのが自民党型の派閥であり、自民党は内部のまとまり（凝集性）が弱い政党の代表格であった。後で詳しく検討するが、中選挙区制と密接にからんで出来上がったのが派閥であり、中選挙区制が派閥を強化するかたちになっていた。そして、派閥の存在が自民党をして、まとまりを欠く政党にしていたのである。

比例代表制は政党を意識させる制度だから、政党本位に近いが、方式によってかなり相違がある。まず、拘束名簿式ならば政党本位に近いが、非拘束名簿式や移譲式では候補者本位の運動を促すことがありうる。参議院で新たに導入された非拘束名簿式を見ると、党としての凝集性の高い公明党や共産党では、政党本位に近い運動のままであったが、自民党などでは候補者本位に近い運動となった。

つまり、選挙制度により選挙運動が変わり、その選挙運動が党の体質に影響を及ぼすのだ。非拘束名簿式は拘束名簿式よりも、自民党の凝集性を低下させたといってよいだろう。各議員に対する拘束力でも同じことがいえる。個人票を多く集めて当選した議員は、党の拘束に対して強い態度で臨む可能性を秘めているのに対して、拘束名簿式の議員は党の拘束に反するのは難しいであろう。

比例代表制の中の多様な方式では、第三章で一般化したように、人を選べる余地を広げるほど、党を弱めるように作用する。

また、他の党との連携関係について見ると、選挙制度の作用では、こういうことがいえる。議席獲得のハードルが低い比例代表制では、選挙協力の必要は少ないが、ハードルの高い選挙制度では、中小政党は選挙協力をしないことには議席獲得が難しくなるので、政党間の連携が強まる。また、フランスのような小選挙区・二回投票制では、各党は競合しながらも、決選投票の場合を考慮して、協力の相手をあらかじめ想定することになる。

わが国の中選挙区制では中小政党に選挙協力が見られたし、ハードルがもっと高い参議院選挙区選挙（特に一人区、次いで二人区）では、それ以上に選挙協力が活発である。逆に選挙協力の必要のない比例代表制では、各党がバラバラに戦っている。衆議院は並立制なので、比例代表制で中小政党が残るが、中小政党は小選挙区では勝算が立たないので、選挙協力をしている。いや、連立政権では自民党でさえも、公明党と選挙協力をした。しかし、仮に比例代表がなくなり、単純な小選挙区一本となれば、各党は選挙協力という段階にとどまらず、政党合同へと進むことが予想される。

④の「議員と選挙民の関係」については、中選挙区制と拘束名簿式比例代表制の対比でよく理解いただけよう。中選挙区制では、同じ党の候補者同士が競わなければならなかったので、まめに地元回りをしなければならず、候補者と有権者の関係はかなり緊密となっていた。

「同じ自民党でも○○さんではなく、私に投票してください」と、いわなければならなかったからである。それに対して拘束名簿式は、政党名を書いてもらう方式なので、候補者が個人的な運動をまめにやっても、自分の当落と直接的な関係がないことが多く、そのため力が入らず、候補者と選挙民の関係が疎遠になりやすい制度である。

参議院では比例代表制が、拘束名簿式から非拘束名簿式に改められ、選挙運動はかなり大きく変わった。組織代表の候補者は、以前にもまして緻密《ちみつ》に組織を回って、投票を依頼しなければならず、候補者と選挙民の関係は強くなった。それをプラスと評価することもできようが、運動資金は確実に増えており、それをマイナスと考えることもできよう。

カネをかけて全国を回らなければならない旧全国区は「銭酷区」といわれたが、それにやや近い構図となった。また、旧全国区は選挙運動が体力的にもきつく、当選のバンザイの後に急死する候補者が出るなど、「残酷区」ともいわれたが、非拘束名簿式はこちらでも旧全国区に近づいたといえよう。

⑤の「議員や候補者の補充《リクルート》」は、①〜⑥の全項目のうち最も明快に述べることができる項目である。どういう人が候補者となり、議員となるかの問題だが、拘束名簿式比例代表制の場合、有権者が名簿の全体を見渡して、バランスを意識しながら投票しやすいので、女性の議会進出を促す効果をもつ。政党側も、それに対応して名簿を作るので、その傾向はかなり

顕著となる。それに対して、小選挙区制などでは、有権者の意識は、さしあたり自分の選挙区にしか向かないので、バランスはあまり考慮されず、その社会の現実の力関係をそのまま反映することとなりやすい。日本の場合には、かつては男性議員が多く、女性議員は少なかったが、次第に増えてきている。いずれにせよ、それは社会の実勢の反映である。

旧中選挙区制のような制度では、小選挙区制よりは、かなり自由に候補者の補充ができる余地がある。自民党のような政党の場合、その余地を生かした運用がなされており、これも派閥の形成を促した。初めから小選挙区制であったなら、勝手な立候補は抑制されていたと考えられるから、派閥中心の補充といった現象は生じなかったであろう（この点もすぐ後で検討する）。

非拘束名簿式の比例代表制や、かつての参議院全国区のように、広い選挙区で多くの候補者から選ばせる制度では、タレントなど、知名度のある候補者や、組織がバックについている候補者が有利なことも、容易に理解できるであろう。そこでは、当然、全国的な圧力団体の系列議員が生まれやすい。また、タレントなども、過半数に近い票を集めなければならない小選挙区制では、よほどの大物タレントであるか、政党の強い支援が欠かせないだろう。だが、旧全国区や非拘束名簿式なら、知名度にものをいわせて戦いやすい。このように、選挙制度によって、どういう議員が出やすいかが決まってくるのである。

ドキュメント選挙戦⑩　田中判決選挙――一九八三年衆院選

一九八三年は、春に統一地方選挙、夏に参院選、暮れに衆院選と、選挙が立て続けに行われた年である。

この年の一〇月一二日、東京地裁でロッキード事件の一審判決が下され、田中角栄元首相は懲役四年、追徴金五億円の実刑となった。これを受けて議員辞職を求める声が高まったが、田中は辞める様子を見せず、裁判も控訴に出た。それればかりか、判決の翌日には、「不退転の決意で戦い抜く」との「所感」を発表し、反発が広まった。

野党は結束して辞職勧告決議案を提出し、その優先審議を求めた。時の中曽根政権は、党内で田中派の支援を受けていたこともあって、それには応じず、国会は空転することになった。その間、中曽根・田中会談ももたれたが、田中はそれでも辞めず、国会解散・総選挙に雪崩《なだれ》を打っていった。投票日は一二月一八日となった。

野党は当然、「田中問題・政治倫理」を争点として、自民党を攻め、与党はそれを回避して、地元利益などで応戦した。中曽根首相が演説で、「野党の諸君はリンリ、リンリと鈴虫の鳴くようにいう」とからかったのは、あまりにも有名である。

結果は、自民党が前回の二八四議席から、一挙に二五〇まで議席を減らした。過半数の二五六を、六議席も下回る大敗北であった。保守系無所属の九人を追加公認して、過半数をなんとか確保したが、政局運営に不安を残した。自民党のこのような後退にもかかわらず、田中角栄本人は新潟三区で、これまでの得票を上回る二二万という大量得票で当選を果たしている。

また、当時、田中派は「田中軍団」と呼ばれ、絶大な影響力を有していたが、さらに勢力を拡大すべく多くの候補者を擁立していた。これが候補者「乱立」につながっており、これがなければ自民党はもう十数議席は取れていたといわれる。中曽根首相にすれば、田中派にかき回された総選挙だったのだ。ほかに敗因としては、統一地方選挙の年の国政選挙だったことが語られる。地方議員が自分の選挙が終わり、動きが鈍くなるためといわれるが、このときも自民党はこのジンクスを破れなかった。

総選挙敗北を受け、自民党内では中曽根退陣の要求が出たが、中曽根はなんとか振り切る。そして、議員数八名の新自由クラブと連立政権を組み、国会での基盤を広げた。次第に政権基盤を固めていき、一九八六年夏には衆参ダブル選挙を仕掛け、大勝するのだが、このときはまだ誰もそれを知らない。

選挙制度と政治資金、そして「派閥」

⑥の「選挙運動への作用」は、選挙資金などへの影響でもあり、わが国ではきわめて重要な問題である。選挙制度が違えば選挙運動もいろいろ変わってくるのであり、それは当然、「選挙運動のコスト」にも関係してくるのだ。

ここで重要なのは、有権者に政党を意識させる選挙制度か、あまり意識させない制度かという点である。比例代表制の場合が分かりやすいが、拘束名簿式なら、政党名で投票するしかなく、有権者は同じ党のどの候補者がよいかといった判断を下す余地がない。とすると、選挙運動としても政党本位となって、候補者個人がカネを大量に使って選挙運動をするということがなくなる。それに対して非拘束名簿式では、自分に入れてくれという運動となり、候補者にはカネを使ってやるだけのインセンティヴ（誘因）が生じる。

目安の一つは選挙違反であり、違反が多い選挙制度は、候補者個人のインセンティヴの強い選挙である。それだけ個人本位の運動がなされるからで、党のために違反までする人はやはり少ないのである。参議院が比例代表制を拘束名簿式から非拘束名簿式に変えたとたんに、選挙違反が急増したが、これは選挙制度が選挙運動に大きく影響を及ぼし、選挙資金も大きく変わることを示している。

かつて自民党では獲得党員数の数を拘束名簿式の順位を決定する際の目安にしていたため、その段階で立候補予定者は資金集めに追われたのは確かだが、有権者を相手にした選挙運動でカネが使われたのではないことは、確認されねばならない。

旧中選挙区制は、明白に、個人本位の運動を促す制度であった。大政党は複数の当選者を出さないことには単独過半数を期待できないから、当然、複数の候補者を擁立した。また、投票は単記制だから、同じ党の候補者でも競争相手となり、これが同士打ちであった。選挙運動はいきおい候補者本位となり、そこでは後援会が大きくものをいい、そこにカネがかかった。同じ党の他の候補者までもが、自分の票田に手を突っ込んでくる可能性があるので、サービスをよくしておかねばならず、サービスは簡単にエスカレートした。

小選挙区制については、その国でどれだけ政党が社会に根を下ろしているかで、運動には大きな相違がある。同じ日本の国内でさえも地域差が大きい。狭い選挙区で票を奪い合う構図は市町村長の選挙に近いのだが、異なる政党が争ってもカネがかかるところもあれば、その段階を脱して、政党本位に近くなって安上がりに済んでいる地域もある。しかし、中選挙区制の場合に比べれば、小選挙区制は概して政党を意識させる要素が強くなる。激戦になればカネがある程度かかるのは同じだろうが、中選挙区制の下での「サービス合戦」よりも、「民主主義のコスト」に近いところでカネが使われる、ということはいえよう。

二〇〇一年春、森喜朗《もりよしろう》内閣の末期だが、東京都議会選挙を控えた東京都の自民党が、積極的に「森おろし」に動いた。これは、地方選挙も東京などでは――旧来の選挙制度にもかかわらず――政党本位に近いものとなっていることを示している。政党本位に近くなると、候補者のサービス合戦よりも、政党イメージが重要になるのだ。その後に控えた参議院の候補者も同様だったが、これも選挙運動が少し変化し始めている兆候と読めるものである。

変化し始めたといえば、自民党の派閥もそうであり、小泉純一郎《こいずみじゅんいちろう》総裁が誕生するまでの自民党内の動きは、新制度の下で、政党を意識した投票がじわじわと増え、政治家がそれに対応しようとしていることを示していた。

以下では少し、派閥の問題を体系的に述べておきたい。今後については未知数のところもあるが、派閥を弱めたいのなら、何をしなければならないか、ヒントを探ることができよう。

自民党の派閥に類する集団は、大政党ならどこにも存在するもので、わが国でも、自民党のほかに、旧社会党の右派・左派など、派閥の存在が語られていた。旧民主党にも派閥に類するグループが存在した。しかし、自民党の派閥と、旧社会党や民主党の派閥の相違は顕著である。自民党の派閥は政策以外の要因が強かったのに対して、旧社会党や民主党のそれは路線や政策をめぐる対立である。旧社会党などの派閥は、諸外国の大政党に見られる派閥に近いもので、特異なものではない。そして、政治資金などとの関連で問題となるのは、自民党型の派閥の方なのである。

派閥の発生の背景としては、もちろん日本の政治文化も影響している。日頃から「恩」と「忠誠」で相互に結びつく「甘えの構造」が目立つのが日本社会であり、政界だけに派閥のような集団があるわけではない。しかし、システムとして見ていくと、旧中選挙区制のようにカネのかかる選挙制度など、派閥の発生にはそれなりの要因があったのであり、主な要因は以下の三つにまとめられる。①不十分な党組織、②国会議員中心の党首選挙、③自由な国会議員候補者の擁立である。田中（角栄）派が全盛を極めた頃からは、派閥が制度化されたので、これに、④派閥の制度化、を追加できるかもしれない。

まず、①自民党の派閥は、旧中選挙区制と密接に関連して発達してきたもので、そこでは政治資金が最も重要な役割を果たしていた。つまり、カネのかかる選挙制度の下で、選挙資金が莫大になり、それを個人的に集めきれない候補者は派閥に頼るしかなかったのである。仮に、自民党で党員が選挙運動を担ってくれ、党が資金も十分に供給してくれるなど、組織として十分発達していたのなら、派閥に頼る必要もなかろうが、そうではなかった。

次いで、②国会議員中心の総裁（党首）選挙がある。そこで勝つためには、その意欲のある政治家は派閥を維持し、議員を増やしておかなければならなかった。仮に、小泉総裁選出のときのように、議員中心の党首選挙でなければ、多くの議員を抱え、大きな派閥を維持しておく必要は必ずしもないのである。

そして、③自民党では国会議員の候補者擁立が比較的自由にできたことも、大きな要因である。派閥は②の理由から、絶えず自己増殖を目指すものであり、候補者を探してきては擁立する組織である。中選挙区制のように、複数の候補を立てられる制度は、ここでも都合がよかった。派閥は、まず系列の新人につき、党の公認を得られるよう努力してくれるし、また、たとえ公認を得られなかった場合でも、政治資金の面倒を見てくれる。その場合は無所属で立候補すればよく、当選すれば追加公認で晴れて自民党議員となれたから、何も問題がなかった。

中選挙区制は、すべてが自民党に都合がよかったわけではない。複数の候補者を立てなければならないのだが、多すぎれば共倒れとなるし、少なすぎればこれまた損をするということで、戦略的にリスクがあった。つまり、適正な候補者の擁立に難しい面があったのである。党の公認候補者は、この難しい戦略決定の中で決められたのだが、党としての論理とはまた別に、派閥は独自の論理から強引に候補者を擁立してきた。そこに生まれたのが自民党系無所属候補であった。これは攪乱《かくらん》要因でもあったが、力不足の公認候補をカバーする役割を果たしていた面もあって、自民党では厳格に罰することなく、続けられてきた。

以上の三要因が重なって発達したのが自民党の派閥であり、それは制度化されるにつれて永続的なものとなっていった。派閥は資金力のない陣笠《じんがさ》議員や系列新人候補につき、カネの世話をすることから始まった組織なのであり、政治資金をどれだけ集められるかが生命線となっていたことは、改めて説明するまでもない。そこから当然、政治腐敗が生じてきたこともまた、自明の理である。

こう見てくると、今後、派閥を弱めるためには、総裁選出のルール改正や、政治資金の規制など、いくつかのポイントがあるのが分かってくる。選挙との関連で重要なのは、無所属候補の扱いである。小選挙区制では、複数の候補者を立てる必要はないから、難しい戦略的配慮はいっさいいらなくなり、公認候補に全力投球すればよい。それが最も合理的であり、自民党系無所属候補を放置すると、共倒れのリスクが増えるだけで、マイナス要因でしかないこととなったのだ。

そこで、並立制導入の前後には、自民党もこの点の重要性を認識し、無所属の追加公認は今後はしないとの方針を明らかにしていた（成田憲彦「『政治改革の過程』論の試み」）。だが、「自社さ政権」で政権復帰を果たすと、旧新進党などからの脱落議員を入党させる工作を展開し、その中でこの方針は有名無実となった。その結果、二〇〇〇年の衆院選、二〇〇一年の参院選では、以前ほどのことはないが、やはり自民党系無所属候補が出てきた。

参院選こそ「小泉ブーム」で非公認候補はほとんど当選しなかったが、そのような特殊な事情がないと、衆院選の場合のように当選者が出るであろう。そこで問題は、追加公認を認めるかどうかである。自民党が本気で派閥の力を弱めたいのなら、追加公認はしないとの原則を表明し、厳格に守っていかなければならない。小さなことであり、法制化の難しいことながら、こういう問題にきちんと対応していくことが重要なのである。

第六章　選挙制度改革の視点

――どう議論し、どう改革すればいいのか

この章では、選挙制度の改革を議論する場合、留意すべき改革の視点について総合的に述べていく。まず、これまで述べてきた点を確認しておこう。

①選挙制度には多数代表制、比例代表制と二つの類型があり、両者は民主主義についての理念をかなり異にしている。それぞれどのような観点から主張されているのか、留意して議論しなければならず、いきなり各選挙制度の「利害得失」というような議論をするのは誤っている（第二章）。

②しかしながら、選挙制度の両類型にもそれぞれ多様な制度があり、細目での相違によっても大きく異なる帰結がもたらされることがあるので、軽視してはならない。それによって、選挙資金など候補者にかかる「運動のコスト」や、有権者にかかる「情報コスト」が大きく異なってくるからである。また、議院内閣制の下で比例代表制を主張する場合には、阻止条項など、細目が特に重要となる（第三章）。

③議会など各政治的機関には、国の政治システム全体の中で期待されている特定の機能があり、選挙制度はその機関の担い手を選ぶための制度であるから、その機関がどんな機能をもつサブ・システムかに留意して議論しなければならない。議会も、議院内閣制と大統領制の下では、その機能には重要な相違がある以上、明確に分けて論じなければならない。参議院についても、両院制の中でどのような機能をもつ議院かを考えなければならない（第四

章)。

④各種の選挙は相互に影響を及ぼすので、各機関の選挙制度の関連にも十分留意しなければならない。特に衆参の両選挙制度の関連、中央と地方の選挙制度の関連が重要である。また、仮に首相公選制を導入するような場合は、それが他の選挙に及ぼす影響についても、十分に考えてみなくてはならない(第四章)。

⑤選挙制度の作用は、現実には「デュヴェルジェの法則」がいうほど単純ではない。選挙制度の改革でもって、二大政党制の実現や、政治腐敗の解決など、政治改革の面で特定の目的を達成するには、総合的な取り組みが不可欠であり、地方分権など付随する改革を併せて推進しなければならない(第五章)。

衆議院に「いまひとたびの改革を!」

この章では、右の点などに留意しながら、選挙制度改革の方向性を探っていくが、まずは衆議院であり、「並立制」をどう評価するかである。だが、その点では、つまらない誤解にもとづく批判があるので、最初にそれを正しておきたい。

第一に、政権交代が可能な二大政党制といわれたのに、そうなっていないとの批判である。これはまったく初歩的な誤解によるもので、小選挙区制の下の二大政党制とは、イギリスの例を見れば明瞭なように、そのときそのときの選挙結果が二党伯仲状態となることではなく、二大政党で競り勝った方が明確な多数を占めるものをいうのである。

政党制論で著名なサルトーリの二党制の定義を見ても、次のようにあり、伯仲状況などの言葉は見当たらない。すなわち、①二つの政党が過半数を目指して競合する、②いずれかが実際に過半数を制する、③そして、単独政権を形成する、④政権交代の可能性が確実に存在する、というものである(『現代政党学』)。

選挙制度としても、小さな得票率の差を大きな議席差にするのが小選挙区制だから、そのときどきの議席差は開きやすく、伯仲状況となるのはむしろ稀《まれ》なのである。一回目の一九九六年には、新進党がかなり善戦したし、二度目の二〇〇〇年には(新)民主党がよく戦い、「二大政党制」に近い構図となっている。ほぼ似た構図だが、より激戦だった一九九六年の方で見ると、自民党と新進党が一・三万票以内の僅差《きんさ》となった小選挙区が七七選挙区あり、そこでは自民党の三九勝三八敗となった。少しの票の移動で大きな変化が生じうる範囲内になっていたのだ。

だが、誤ったイメージというものは恐ろしいもので、新進党では右のようなつまらぬ誤解などから混乱が生じた。二大政党でないなら、新進党にいても未来はないと、党内の一部に動揺が生じ、これが新進党解党の一因ともなった。「二党制」という言葉をわが国では「二大政党制」と呼び習わしているのだが、二党が同じような議席でないと「二大」政党制ではないとの、訳語から受けるイメージのためか。こんな誤解を回避するためには、今後は「二党制」との訳語を意識的に使っていかなければならないかもしれない。

二度の総選挙で単独政権が生まれていないので、厳密な二党制になっていないのは確かであり、問題は「二党制に近い」かどうかである。「一党優位制の復活」をいう人は、政権交代の可能性が存在しないというのだろうが、その後の政局の展開を見ると、そう簡単ではない。森喜朗内閣の末期などは、総選挙となれば政権交代の可能性を実感させる情勢であった、といってよかろう。

「並立制」をめぐる議論にはほかにも問題がある。一部で、早くから党利党略的な中選挙区制復活論が唱えられていることである。そこでは、定数三の選挙区を一五〇つくるという、きわめて現実的な案まで用意されている。三〇〇ある小選挙区を三つずつ合わせるだけでよく、最も簡単な選挙区の再編成で済むので、議員がその気になればすぐ実現できる案だが、理念は何も語られない。同士打ちでカネがかかるようにならないか、派閥が復活しないかなど、すぐ予想される反論についても何も語られない。主に公明党から主張されているのだが、同党をめぐる政局の都合で選挙制度をいじるようなことは、姑息《こそく》としかいいようがない。

姑息といえば、この種の提案がなされるときには、定数削減が併せて提案されることである。「行革の時代だから、国会も……」というのが常套句《じょうとうく》であり、この言葉が出てくるときは、眉《まゆ》に唾《つば》をつけて聞いた方がよいようだ。衆議院ではさほどの議論がないまま、二〇〇〇年に比例代表の定数が二〇削減された。小選挙区は削減されないので、これによって小選挙区と比例代表の比率がかなり変わることになるのだから、しかるべき議論がなされなければならないのに、そうはならなかった。中選挙区復活案では、定数が四八〇から四五〇に削減されることが提言されているが、そんなことよりは中身の方をきちんと説明してもらいたい。

「並立制」の評価に話を戻すと、新選挙制度の導入で、すぐに新しい政党制ができるわけではないことも、勘案しなければならない。旧来の選挙運動の惰性は無視できないから、多少は旧来型の選挙運動が幅をきかせる。また、第五章で述べたように、政党がどれだけ社会に根を下ろしているかによっても、新選挙制度の効果は左右されるのである。さらには、地方など他の旧来の選挙制度が、衆議院の新制度の作用を妨げている面もある。結局は、その面での改革をしながら、時間をかけて観察しなければ、評価は下せないのである。

性急な批判の一つは、新制度下での二回の総選挙で――特に一回目――、カネがかかったといわれることである。だが、選挙区が再編されてしばらくは、集票基盤を新たに整備しなければならない以上、負担が多いのもやむをえなかった面があるのである（大嶽秀夫「結語『政治改革』は成功したか」）。

最も問題にされなければならないのは、並立制の細部の問題点を数え上げ、それでもって並立制の基本までも変えようとする姿勢である。まだ慣れていないので、政党・候補者や有権者に混乱があり、誤解も多いから、いくらでも「問題点」は挙げられるし、国民の共感も得やすい。

小選挙区で負けた議員が比例で復活するのはおかしいという、「ゾンビ議員」批判がその典型である。だが重複立候補は、開票作業で比例の方を先にすると、まったく別の印象となる。一九九六年の例でいうと自民党は東京ブロックの比例代表で五議席となった。まず「これで名簿一位の深谷《ふかや》隆司《たかし》・元自治相の議席は確保された」。次に小選挙区を開票したら、東京二区で深谷氏はダメだったが、もう比例で確保されているからよいとなる。「ゾンビ」呼ばわりは不当で、政党本位という点さえ確認されていれば、何も問題はないのだ。このように開票の順番を変えるだけで印象は一変し、誰にでも理解できる。議論の多くは感情論でしかないのである。

また、自民党の内部で、小選挙区の当選者は「金」、単独に比例で当選した議員は「銀」、比例で救済された敗者復活組は「銅」などとランクづけが行われた。現にそれにもとづく差別が生じたからか、先の深谷氏は補欠選挙の際に、(比例選出の) 衆議院議員を辞職して、小選挙区の衆議院議員を目指そうとした。こういう動きが出ると、すぐ「並立制はダメだ」となるのだが、これまた制度の根幹とは何も関係ない。細部の問題が基本部分に由来するかのような説明に騙《だま》されてはならない。

ただ、こういうことも回を重ねるうちに落ち着いてくるのかもしれない。一回目には非難囂々《ごうごう》だった「重複立候補」だが、有権者も慣れてきたためか、評価はかなり変わってきている。明るい選挙推進協会の調査だが、「重複立候補によって小選挙区で落選した人が比例代表で当選するのは納得できない」という意見が、一回目（一九九六年）には五〇・九％もあったが、二回目（二〇〇〇年）には二八・三％に激減している（明るい選挙推進協会『第四二回衆議院議員総選挙の実態』、いずれも投票後の調査）。

さらには、小選挙区制で「ドブ板選挙」になったともいわれるが、評価は難しい。三宅一郎・関西大学教授らの調査でも、初の小選挙区選挙（一九九六年）に地元利益重視の投票が増えているのが確認されているが、新制度への対応には旧来のものが入ってくるということで、断定的な結論を引き出すことは避けられている（『選挙制度変革と投票行動』）。

以上、いろいろ検討してきたが、筆者の考えでは、衆議院の選挙制度を再検討するというのなら、結局は小選挙区制と比例代表制のどちらを選ぶかという議論にならないといけないと考える。選挙制度審議会が実現可能性を重視して、初めから妥協的に中間的な並立制を提言し、それが紆余曲折の末、実現したのだから、今度は、本来の議論に立ち返って、二者択一の議論を詰めるべきだと考える。選挙制度は「多数代表制か、比例代表制か」の二者択一だからである。将来とも並立制でなければならない理由は何もない。

こう書いてくれれば、いずれをよいとするのか、筆者として私見を述べなければならないが、参議院と関連する点もあるので、参議院などについてすべて言及したうえで、終章で述べることにしたい。

参議院の選挙制度改革

参議院については、根本から議論をしなければならない。どのような議院とするのか、目的を明確にしないことには、参議院の選挙制度は議論できないからである。参議院は、憲法制定の経緯からしても、次のように、何をする議院なのかまったく明確ではないのだ。

占領軍の憲法草案では、貴族院は廃止され、衆議院だけの一院制が案とされていた。旧貴族院のような「衆議院の民主的傾向を抑制する」議院は否定され、また日本は連邦制でもないから、州の意向を反映する上院は必要ないとの考えからである。だが、日本側が強く両院制を望み、そこで参議院が設けられたのだが、参議院を置く理由としては、漠然と「衆議院に対するチェック機能」が語られるくらいで、明確なものはない。

このようなわけで、参議院の選挙制度を論じる場合は、参議院が何をする議院か、という点から議論をしなければならない状況にある。しかし、実際には、それを省いて参議院の選挙制度が論じられているので、多くが奇妙な結論となっている。「両院制なのだから、衆議院とは別の選挙制度で、参議院の独自性を発揮できるようにする」というような声が圧倒的に多いのである。それは俗耳に入りやすいが、突き詰めて考えると問題が多い。

参議院はイメージ的には「衆議院のカーボン・コピー」といわれ、存在理由が問われてきたが、いったん参議院で与野党逆転が生じ、衆参で「ねじれ」現象が起きてみると、別の本質が見えるようになった。参議院は法律案の議決で衆議院とほぼ対等の権限を有しており、安定政権を樹立しようとすれば、参議院のために連立政権を組むなどして、過半数を維持しなければならない、ということだ。

そうしない場合には、いわゆる「部分連合」*で、そのつど、野党の一部を取り込み、多数派を形成しなければならない。そうでないと、法案は参議院で否決され、すべて止まってしまうこととなる。参議院に解散はないから、衆議院で多数派の与党も、参議院の改選の時期を待って、そこで多数を回復するしかない。さらに面倒なことに、三年ごとの半数改選だから、それには二度の参議院通常選挙を要するかもしれない。

そのうえ問題なのは、この状況で衆議院の総選挙となると、「民意を問う」などといっても、すっきり政権を選択できないことだ。参議院の勢力関係が、固定されているからである。

二〇〇〇年の総選挙でいうと、自民党は参議院のことを考え、早々と公明党と選挙協力を組んだ。そこでは、自民単独がよいか、連立継続がよいかなど、有権者は選択できなかったのである。

こういうことを考えると、参議院の問題はきわめて複雑なことが分かる。しかし、その認識がないまま、参議院に存在理由をもたせるべく、漠然と独自性を与えようとすると、無責任な選挙制度改革案が出てきかねない。「衆議院は小選挙区一本で、参議院は比例代表制とする」などという案が、さしずめその代表である。だが、その案が実現すると、せっかく衆議院である党に政権を委ねる結果が出ても、参議院ではその党が過半数に満たないケースが続出しかねない。それでは統治能力の点で大きな問題が出てくるのである。

また、選挙制度間の相互作用により、衆議院へ小選挙区制を導入しても、参議院で別の選挙制度を採用したならば、全体として二大政党制化の動きを抑制することになるが、それでもよいのか。二つの議院、中央と地方、それぞれがバラバラだと、まとまった政党制はできないのである。

こう考えてくると、現状では、衆議院に近い選挙制度もやむをえないということになる。あとは、選挙区選挙の部分で、複数改選の都道府県につき、選挙区割りを行って、すべて小選挙区にして、不整合を正すことなどが考えられる。

ただ、それでは両院制の意味が乏しいのは確かであり、私見では憲法を改正して、参議院の権限を弱めたうえで、選挙制度を考えるのがよいと思う。つまり、衆議院の再可決の要件を、現行の三分の二から過半数に下げるなど、「衆議院の優越」を法案の議決でも明確にしたうえで、「再考を促す議院」「修正案を出す議院」としての参議院のあり方を探るのがよいと考えるのだ。そうすれば、参議院の勢力関係は政権の帰趨《きすう》に影響を与えないこととなり、衆議院中心の政党政治の論理が明確になる。そのうえで、「再考を促す議院」「修正案を出す議院」としての参議院にふさわしい選挙制度を、自由に考えていくのがよいと思うのである。

首長・地方議員の選挙制度改革

地方選挙の制度についても同様であり、地方議会に期待される機能など、根本に立ち返って検討する必要がある。ただ、この点で筆者はまだ十分な準備ができていないので、ここでは、別のもう一つの視点に限って述べておきたい。つまり、国政選挙と関連づけて考える視点がそれである。衆議院に新制度を導入しても、地方選挙など政治制度の他の部分が旧来のままなら、「政党本位の選挙」など、期待された作用も働かない、と考えるからである。

まず、首長選挙だが、そもそも住民の公選が必要かどうかから、考えてみなければならない。公選となって久しいので誰も疑問に思わないでいるが、選挙で議員を選び、あとは議会に首長選出を委ねてしまう方法も可能である。国の制度でいうなら「議院内閣制」であり、日本は国政ではこちらである。だが地方自治体では、行政府の首長は、立法府とは別に公選されるので、アメリカの「大統領制」のようになっているのである。

国は議院内閣制、地方は大統領制となっているわけで、そういう制度が悪いとは決めつけられないが、戦後、導入にあたって十分な検討がなされているわけではない。改めて検討しなければならず、これを改めると、かつての東京都の青島幸男《あおしまゆきお》知事、大阪府の横山《よこやま》ノック知事のように、議会に基盤をもたない知事が立ち往生する事態は発生しなくなる。

では、住民による首長公選制を維持する場合は、選挙制度はほかに考えられないものか。首長は一人だから、議員の選挙でいうと小選挙区制である。とすれば現在のように、相対多数でよいから最多得票者を当選とする「相対多数制」と、過半数（絶対多数）を条件づける「絶対多数制」のいずれかとなる。

相対多数制の場合には候補者が乱立すると、かなり低い比率でも当選となりかねないから、共産党などに漁夫の利を奪われるのを警戒し、事前に候補者を絞り、相乗りをする。衆議院選挙では、党と党の熾烈《しれつ》な戦いを想定しているが、地方はそうなっておらず、相乗りが多いのはこのリスクが一因である。また、「漁夫の利」の心配がない場合でも、政党側の論理で、負けた場合のリスクを避けようとすると、相乗りがよいということになる。だがその場合、有権者には意味ある選択ができなくなり、不満が高まる。

こういう有権者の不満を解消していくため、また、地方政治の活性化のためには、相乗りにならないような首長選挙の選挙制度が検討されてよい。たとえばその目的に適う選挙制度としては、フランス型の二回投票制など、絶対多数制が考えられる。将来、本格的な二大政党制となれば、一騎打ちも期待できるのだろうが、その見通しが立たない現在、しばらくの間、過渡期に見合った選挙制度が考えられてよい、と思うのである。

フランス型の二回投票制（決選投票制）では、一回目は各党それぞれ独自候補を立てて戦い、各党間の調整は結果を見て、決選投票までに行えばよいのである。これなら、小さな勢力に「漁夫の利」を奪われる心配なく、各勢力は独自候補を担いで戦える。また、現行の制度では候補者の乱立により、住民の多くが拒否したいような候補者が当選してしまう可能性があるが、その心配がなくなる。

ただ二回投票制では、決選投票にもつれ込むと、一週間なり二週間の後にもう一度、投票をしなければならない。それはたいへんだということから、反対する人もあろうが、それならオーストラリアの下院選挙で用いられている方式がある。第三章で述べた「優先順位付投票制」がそれであり、投票方法、集計方式はかなり複雑だが、投票は一回で済む。そして効果は、フランス式とほぼ同じである。

ただ、このように選挙制度を変えても、まだ難点は残る。たとえば、現職の首長が立候補する場合がそうである。もちろん、現職のすべてが飛び抜けて評価が高いわけではないので、この制度にするだけで、現行制度よりは別の候補者を担ぎやすくなると思われる。それだけ相乗りを減らす効果があると考えられるが、それでも相乗りは残ると思われる。このことを考えても、やはり選挙制度ですべてを解決できるわけではない、という壁に直面する。だが、それは当然といえば当然であり、「魔法の杖《つえ》」のように、何でも選挙制度で解決できるなどと考えない方がよい。他のことは他の面での改革で対応するしかないのである。

ここでいえることはただ、首長選挙について、一度、このような改革を本気になって考えてみてもよい、ということだけである。

地方議会選挙も旧来の制度のままだから、旧中選挙区制的要素を日本の政界に残す作用をしている。地方議員は二大政党のような構図で選挙を戦うかたちになっていないのである。国会議員レベルだけで政党のあり方を考えても、地方がそうならなければ、国会議員は足をひっぱられるのであり、地方の選挙制度も、国と整合的に変えていくのでないと、なかなか効果はあがらない。

まず、都道府県と政令指定都市の議会選挙だが、中選挙区的な考えにもとづく制度が続いている。定数がいくつであれ単記制で、上位から当選とする方式であり、定数一の小選挙区もあれば、定数がかなり多い選挙区もある。すべては、人口という偶然に委ねられており、統一がとれていない。

小選挙区制の論理に徹するならば、複数定数の選挙区は分けて小選挙区にしなければならないはずである。逆に、地方議会にはある程度の数の政党があった方がよいというのなら、選挙区を広げる方向で調整し、一定にしなければならない。このいずれかの方法で定数を一定にすることに対しては、地域的なまとまりを無視してはならないという反論が出るだろうが、選挙のルールとして見た場合、あまりにもバラバラな現状を放置しておくのはよくない。最低限でも、定数のサイズを一定の幅に収めるなど、改革がなされてよいと考える。

選挙区を分けないで行っている市町村議会選挙も問題が多い。数十人の定数なのに、候補者は定数を少し上回るだけとなり、イス取りゲームのように、誰かが貧乏クジを引くだけ、という構図も見られる。これでは党派別議席数は、投票前から決まっているも同然で、選挙の意味がないに等しい。また地区ごとの地盤が明確であり、ときに見られる激烈な競争も、単なる人物争いであって、議員の選挙としては意味のないものとなっている。これらを放置して、国政選挙だけ政党本位といっても、いつまでも内実が伴わないので、改革が検討されてよい。

選挙区画定の現実的方法

最後に、小さなことながら、改革していく方がよいと思われる点にふれておく。

第一は小選挙区制の選挙区再画定の問題である。これは今後、確実に直面する課題であり、下手をすると、そこから水が漏れるように、小選挙区制が崩れることになりかねない。

現在は法律によって、国会とは別に設けられた選挙区画定審議会*という機関が答申案を示し、その答申を尊重して国会が議決するという方法となっている。区割りの作業を国会だけに任せず、第三者機関の審議会に提言を委ねた点は評価したいが、答申に従って再画定される保証はないことに変わりはない。そこで区割り作業をさらに現実的なものにする改正を考えてよい。特に、再画定の時期をほぼ一〇年に一度に限っている点は問題であり、そこから再画定が困難になり、放置されたり、別の安易な方法がとられたりしかねない。

安易な方法としては、ズルズルと比例代表制を食いつぶしていく方法が予想される。小選挙区の調整が難しいのは、減らす場合だが、現行制度では小選挙区の調整にあたって、増やす一方でやる余地が残されている。小選挙区を増やした分だけ、比例代表の方を減らす方法がそれで、小選挙区を増やした分だけ、比例代表を減らせば簡単に処理できる。先述のように、「将来は小選挙区一本」との方針を明確にして行うのなら、話は別で、毎回、数を決めて行い、比例代表制を〝自然死〟させていく方法がありうる。だが、右のような御都合主義での一本化は無原則で、それには反対である。

現行法では人口にこだわり、人口の正確な算定は一〇年ごとの国勢調査を待たないといけないということで、一〇年に一度の再画定を想定している。だが、これでは調整しなければならない選挙区の数が多くなりすぎ、反対する議員が多くなる。二〇〇〇年の国勢調査でいうと、一〇道県で五増五減の是正が必要となり、六八の小選挙区で再画定がなされたが、これで騒ぎが起きたのだから、もっと増えてきたら収拾がつかなくなる。また、現行法では、再画定の時期も総選挙の時期と無関係になっており、この点も現実的ではない。

そこで筆者の提言である。——まず、基準を人口ではなく、有権者数にするとよい。未成年者の比率などが多少関係するが、バランスでは人口とそう違いはない。また、選挙なのだから有権者を基準にして悪いことはない。メリットは、有権者名簿がいつでも確定されていることであり、これなら国勢調査を待つ必要はなくなり、毎年でも調整できる。

また、選挙区再画定の時期を総選挙の直後にすることである。立候補予定者にすれば、どの時期の再画定がよいかとなれば、総選挙から遠い時期がいいに決まっており、それに近いかたちでやるほど、抵抗は少ない。有権者名簿を基準にするとすれば、総選挙の直後に、毎回、見直すことが可能である。つまり筆者の提言は、審議会は総選挙の直後に、毎回、有権者名簿にもとづき、是正の提言をするものとする、というものである。

分権的候補者決定とリクルートの改革

小さなことながら、重要な改革の第二は、候補者決定を分権的に行う仕組みをつくることである（この点は、谷藤悦史ほか編『誰が政治家になるのか』参照）。

衆議院にはブロック別比例代表があり、その候補者名簿の決定は、本来なら地方が主導権をもって行うべきだが、ブロック別の地方組織が整っていないこともあって、現在は各党とも中央主導で決定がなされている。これでは、せっかくブロックを分けている意味が半減する。ドイツでは候補者の決定は地方組織で行うよう、法律で定められており、各党の州レベルでの代議員大会において、秘密投票で決定されている。わが国でもそのような制度を整えていかなければならない。

また小選挙区についてだが、ドイツやイギリスでは各党の小選挙区の組織で選ばれている。わが国では、自民党現職の後継者を決める場合、その政治家の後援会が主導権をもって決めているケースが多いが、このようなことが続くのでは、政党本位の選挙という趣旨から外れることになる。後援会はあくまで私的な組織であり、党とは別だからである。諸外国の例を参考に、分権的な候補者決定に向けて、改革が考えられてよい。

改革の第三は、候補者にできるだけ多様な人材が集められるような方策を幅広く導入することである（この点も、谷藤ほか編、前掲書参照）。

国政レベルの選挙でも、筆者などは、今のような選挙運動が続くかぎり、有能な人材を国政に惹きつけるには不十分だと考えているが、質的にはともかく、量的にはいちおう充足している。緊急の対策が迫られているのは地方選挙であり、質量ともに問題が多い。

まずは量の面だが、候補者難で無競争当選の地方議会が増えている。一九九九年の統一地方選挙では、一六・八％が無競争で決まっている。現状に満足しているためにこうなっているのでないことは明白で、これは放置できない。

質の面でも深刻な状況にある。議員の職業構成が自営や農業などに偏っており、一般有権者とのズレが拡大しているのである。サラリーマンや労働者など、被雇用者があまりにも少なく、その結果、地方自治体の政策を、自営・農業の面に偏らせることになっている。それが一般有権者をして、地方選挙にさらに無関心にさせている。

現状では、普通の人が選挙に出るのが難しいため、立候補者に職業上の偏りが生じているが、これを正していくには、立候補のハードルを下げるための改革をしていくことが重要である。各種の制度がきわめて整っているのはドイツなどだが、諸外国の例を参考に、被雇用者の在職立候補制度や休職制度を整えるなど、環境を整えていく改革をしていかなければならない。在職立候補制度とは、会社を辞めずに立候補でき、落選した場合に復職できることを保障する制度である。ドイツではさらに休職制度をも採用しており、それは任期中、議員を務めた後、前の職場に戻れるようにしている制度である。

ほかに、法律で規定しがたいことではあるが、各党がぜひ内部のルールとして確立しておかなければならないことがある。たとえば、前章で述べたように、無所属の追加公認をしないことがそうである。

このような改革を、軽視しないで積み上げていくことが、日本の選挙をよくしていくことにつながるのである。

終　章　理念なき選挙制度を排せよ

最後に、衆議院の選挙制度に戻って、小選挙区制と比例代表制のいずれがよいと考えるか、私見を述べて、終章としたい。

ただ筆者の場合、見解が何度か変化してきており、それも本書で述べてきたことと関係があるので、ここではまず、私的な回想のスタイルをとって、遍歴をそのまま書いてみよう。結論は、現在のところの暫定的なものだが、小選挙区制一本がよいということである。

二〇代後半の大学院生のときだが、筆者は一九七六年から二年ほどドイツ（当時は西ドイツ）に留学した。そこで、ドイツのダイナミックな政党政治を目の当たりにして、かなり強く影響を受けた。そのためであろうが、漠然と、日本も比例代表制を導入してはどうか、と考えるようになった。

その後、少しずつ選挙制度について考えるようになり、八〇年代末からは本格的に選挙制度論を研究し始めた。ドイツと比べ、日本ではあまりにも選挙で政策が問われないことに強い不満を覚えていたから、それを改めるべく、大胆な改革が必要と考えていた。だから、最初にまとまった論文を書いた一九九三年には、賛成者は少ないであろうことを承知のうえで、こう書いた。

「少ない情報コストで賢明な政治的選択ができる」ようにするためには、「人物という多すぎる選択肢よりも、政党という限定的な選択肢からの選択の方が現実的」だとして、「拘束名簿式比例代表制の衆議院への導入を提唱」しているのである（加藤「解説――選挙制度と政治思想」）。

いうまでもなく、比例代表制一本である。また、政権の安定への配慮も必要だと考えていたから、阻止条項のついたものを念頭に置いていた。しかし、その後、講義でバジョットやフリードリッヒの小選挙区制論を詳しく紹介するため、読み直す作業を重ねているうちに、小選挙区制と比例代表制で、どちらがよいとも言いがたいとの考えに至った。数年後に同じ書物の増補改訂版の「解説」を書いたときには、どちらとも結論を書いていない（加藤「解説――選挙制度の思想と理論」一九九八年）。

さらには、二度の並立制での総選挙（一九九六年、二〇〇〇年）を経験した。そこで、小選挙区制一本でやるなら、その方がすっきり政権を選択できるようになるのではないか、との見解に傾いていった。その間の、わが国での連立政権の経験も影響を及ぼしている。拙著『ドイツと日本の連合政治』（一九九二年）で筆者は、ドイツのように連立政権にもよい点があるのだから、日本でも積極的に考えた方がよいと主張していた。しかし、日本の連立政権の現実は、筆者の期待を裏切るところが多く、この点での失望は、筆者を小選挙区制論の方に押しやることになった。公明党や、自民党内の自公連立論者の選挙制度についての姿勢についての不満もあって、自民・公明・保守連立となってからは、特にその感を深くしている。

連立政権という点では、もちろん選挙での連立問題の扱いや、連立政権樹立の方法など、わが国では拙《まず》い点が多く、連立政権の運営という点でも改善の余地は少なくない。しかし、総じて連立政権の現実は否定的な評価につながるものであった。第五章で述べたとおり、連立政権の判断は、比例代表制について評価する際の重要な鍵になっているので、日本の現実は筆者をして、小選挙区制論に傾かせることとなったのである。

理論的にいうならば、第二章で紹介したK・ポパー、さらにはR・ダーレンドルフ*の小選挙区制論に、かなり後になってふれ、それから強い影響を受けた。

ポパーは二〇世紀を代表する哲学者であり、大学紛争世代の筆者には、マルクス主義批判で精神的支柱となる重要な思想家であった。彼の理論でもって、初めてマルクス主義に対するコンプレックスを完全に払拭《ふっしょく》できたのだ。そのポパーが、「流血を見ることなく、投票で政権を交代させる可能性」という観点から見ると、小選挙区制がよいと、熱を込めて説いているのだ。

また、ダーレンドルフは、私が長年、日本への紹介を続けてきている社会・政治理論家であるが、その彼も小選挙区制をベターとしていた。社会的イノヴェーション（刷新）を進めるには小選挙区制の方がよいというのだ（『現代の社会紛争』）。

そして、参議院の問題を体系的に考えるうちに、衆議院では政党政治の論理を明快にし、別の点は参議院を改革して対応する、というのがよいという結論になった。つまり、衆参の「ねじれ」が政局を混乱させるのは好ましくなく、参議院には国論が分裂する問題について、時間をおいて慎重に審議させたり、少数意見を聞いて法案を修正したりするといった機能を発揮させる方がよい、と考えるようになった。

つまり、参議院が、衆議院の決定に異議を唱えたり、修正案を出したりする方向で、両院制を改革していくことである。ただ、衆議院が過半数で再議決すれば可決となるように改正し、参議院の反対がすべてをストップさせることにならないようにしたうえで、それを行えばよいと考えるようになったのである。

結論としては、こうした参議院改革と並行して、衆議院の選挙制度は、政権交代の可能性を高める方向へさらに改革していけばよい、と考えるに至ったのである。

以上が、筆者の選挙制度論での遍歴だが、一貫している点を確認すると、多数代表制か比例代表制か、どちらか一本がよいということである。思い起こしていただきたいのは、美濃部達吉の考え方である。比例代表制でなければ小選挙区制がよく、中選挙区制などはやめにしてもらいたい、という立場だ。かつて選挙制度審議会で京極純一《きょうごくじゅんいち》*氏も同様に、小選挙区制か比例代表制か、どちらかがよい、と述べたという。それに対して阪上順夫氏は、京極氏は「小選挙区制と完全比例代表制という両極端の二案を出され」ているが、「その意図がよく理解できない」と疑問視している。しかし筆者は京極氏の見解を一つの見識を示すものと読むのである。中間的、折衷的、妥協的な制度が好まれる日本的風土にあっては、明快な二者択一を求める見解は十分に意味のある立場だからである。

筆者は、自分自身がこういう遍歴をしてきているから、見解の変化はあって当然で、今後も何か強い影響力のある議論に出会ったり、重要な経験をしたりすれば、さらに見解を変えるかもしれない、と考えている。したがって、自説に対する批判は拒否しないだけでなく、歓迎さえするものだ。他の立場の論者に対しても、自説に固執して、一方的な主張ばかりをせず、柔軟な姿勢を求めたい。また、突き詰めて考えずに、妥協的なイージーな案に逃げ込むこともやめてもらいたい。政党関係者が党利党略的な案をいうのは仕方がないと思うが、学者やジャーナリストまでもがそのレベルにとどまっていてはならないと思う。理念をふまえて立派な議論を活発に展開してもらいたいものである。

あとがき

本書は、実に多くの方の御指導、御教示に負っている。巻末に参考文献のリストを掲げたが、本文中で言及したものに限っており、それに尽きるわけではない。学生時代からの直接の御指導や、学会などの折にいただいた御教示などもあり、リストは一端にすぎないものである。

ここでは本書の「生みの親」にあたる御三方の御名前を、右代表のようなかたちで挙げて、謝意を表すにとどめたい。堀江湛・慶應義塾大学名誉教授からは、学部学生のとき以来、御指導を受け、選挙制度についても多くを教わった。第八次選挙制度審議会で要職を務められていたにもかかわらず、弟子が異説を唱えることに寛容であられ、おかげで終章に書いたような知的遍歴をさせていただいた。また、小島朋之・慶應義塾大学教授には本書執筆の契機をつくっていただいた。編集面で、新書に初めて書く筆者を、巧みな手綱捌《さば》きでゴールに導いてくださったのは中公新書編集部の並木光晴氏である。みなさんに心からの感謝の意を表したい。

執筆を終えた現在、選挙制度のいまひとたびの改革に向けて、議論が活発化することを望むばかりである。衆議院の並立制も折衷的な制度だから、いずれ小選挙区制か比例代表制かに一本化すべきであろうし、参議院も改革が迫られてしかるべきだ。特に、選挙区選挙で複数定数のところなど、放置しておいてはならない。また、地方の首長選挙も、議会選挙もこのままではいけない。国政選挙の方だけを変えてみても、地方が旧来のままでは、変化が本物とはならないからである。本書がそうした議論の契機とならないものかと、祈るような気持ちでいる。

二〇〇三年二月

加藤秀治郎

補足解説——理念をふまえ、トータルな制度改革を

本書初版の刊行から十年になるが、内容は基本的に古くなっておらず、大きく修正すべき点は特に見当たらない。ただこの間、三回の総選挙が行われており、ここ十年ほどの動向を踏まえ、ここで幾つか言及しておきたい。

まず選挙の結果だが、二〇〇五年に「小泉郵政選挙」で自民党が圧勝し、二〇〇九年に「政権交代選挙」で民主党が圧勝すると、本格的な二党制の到来か、との見方も出された。それぞれ大量の新人議員が誕生して、「小泉チルドレン」「小沢ガールズ」などと皮肉を込めて呼ばれたが、それも政党本位の選択が浸透したためと語られた。

しかし、初めて政権に就いた民主党は混迷を続け、野党の谷垣《たにがき》・自民党も支持を広げられず、政治的不満層の間に「新党」への期待が高まるなど、ムードは大きく変わっていった。結局、二〇一二年末には再度の政権交代となり、安倍《あべ》・自民党が政権に復帰した。ただ、その大勝は政党乱立に助けられた面があり、第二党以下は中小乱立状況となった（図表12参照）。いずれにせよ、この三回の総選挙は、小選挙区制が強力な効果を発揮したものと受け止め

られている。だが否定的な反応も多く、選挙制度の見直し論も出ている。

図表12　総選挙での議席の推移（いずれも480議席）

	2005年	2009年	2012年
自由民主党	296	119	294
民主党	113	308	57
公明党	31	21	31
日本共産党	9	9	8
社会民主党	7	7	2
みんなの党	—	5	18
日本維新の会	—	—	54
日本未来の党	—	—	9
他・無所属	24	11	7

見直し論の検討

一九九四年の「小選挙区比例代表並立制」導入から六回もの総選挙がなされているのだから、その経験に基づき改革が検討されるのは当然である。また、並立制は中選挙区制からの「激変緩和」のための妥協的制度だったから、議論はない方がおかしいくらいである。だが、大半の見直し論は、その内容たるや質的に問題が多い。特に中選挙区制復活論がそうだ。

経済学者ガルブレイスは、株式投資で大損をした人も二十年で戻るということで、人の「記憶は二十年」と述べているが、政治腐敗など中選挙区制の「負の側面」が戻ることはないのか。同類の健忘症から中選挙区制復活論が語られているとすれば、悲しいことである。

中選挙区制でないと優れた政治家が残らないと言われるが、政治家を家業のように考えたり、党内で好き勝手な言動のできた時代を懐かしがったりしてはいないか。また、当選者・落選者の交代があまりにも激しいとの印象を与えているが、競争が激しくないことには、党としてまとまって政策競合をするシステムにはならないし、政策のイノベーション（刷新）も進まない。激しい市場競争のような選挙競合こそが、政治刷新のカギなのである。

最近の議論でひっかかるのは、選挙制度の本質とは別の要因に引きずられた議論が多いことである。人気取りや増税との見合いで議員定数削減が語られ、そこから党派的利害に基づく主張がなされているのは、看過できない。また一票の格差の是正を最優先させるがために、選挙制度の根本を顧みず、逸脱した提案がなされる状況には、困惑を覚えるばかりだ。

たとえば、定数削減と格差是正のためとして、比例代表制に一本化するとの「みんなの党」の案がその典型だ。また、参議院の方だが、大幅な定数是正が容易でないことから、全面的な比例代表制を提唱した西岡武夫《にしおかたけお》前議長案などもそうである。後者は、「ねじれ」を常態化させる制度となりかねないが、そんな制度を不用意に導入して問題はないのか。

定数削減を最優先課題にして、変則的制度を唱える動きも同様である。民主党・野田《のだ》政権では「小選挙区比例代表連用制」が提唱され、自民党・安倍政権では比例代表への「中小政党優遇枠」の導入が浮上した。どちらも比例定数を単純に削減する場合に、議席の減る中小政党への配慮を優先させた案である。

連用制は衆院選の全体を比例代表制に近づける案だし、優遇枠は人為的に中小政党の議席を確保する案である。ともに連立政権の常態化につながりかねないが、定数削減の要請から、十分な議論もなしに、二党制での政権交代という「並立制」の目標から転換させてよいのか。

筆者は、緊急避難的な改正は、現行制度の枠中でやるのがよいと考える。小選挙区を多少減らすとともに、定数を削減する比例代表制については、ブロック単位での議席配分に代え、全国単位での配分とすれば、中小政党の議席占有率は今と大きく変わらない。それ以上の改革は、審議会でも新設し、十分に検討して進めるのが常識《コモンセンス》というものであろう。

ここで見逃せないのは比例代表制の逆説的な面である。「数に比例しての影響力」が理念なのだが、連立政権への考慮からは、中小政党が数に比して過剰な影響力を行使する場合があり、比例代表制はこうした状況を生みやすい。比例代表制は、理念とはまさに逆の結果を招く傾向があるのだ。このようなことから、民主制が「流血なしの政権交代」によって果たされるというポパーは、それを阻むことになる比例代表制に反対しているのである（K・ポパー「民主制の理論について」〈加藤ほか編『政治社会学』第五版、一藝社、二〇一三年、所収〉）。

衆議院の改革だけでは政党は変わらない

本書で示したように、日本の選挙制度論には次のような三つの欠陥がある。

①各選挙制度の民主制での理念を考慮せずに議論すること（「利害得失」論など）
②国政―都道府県―市町村の各レベルの関連を考えず、バラバラに議論すること
③統治システム全体の中で、選挙制度を考える志向性が欠落していること

第一の点については、この補足の前半でふれたので繰り返さない。

第二の点は、二党制が定着しないでいる理由に関わるものだ。選挙制度と政党制に関わる問題で、デュヴェルジェが定式化し、サルトーリが批判的に検討したテーマである（G・サルトーリ「選挙制度の作用」〈前掲『政治社会学』所収〉）。

単純だが、適切な指標として、地方議会議員の党派別構成を見る（総務省集計、二〇一二年末）。都道府県議員は二七〇〇人強だが、自民党が半数弱の一二三六人であるのに対して、次は無所属（四六八人）で、民主党は僅《わず》か四四二人である。市区町村議員は三万二〇〇〇人強だが、七二％が無所属で、二位は二七〇〇人強の公明党、三位は二六〇〇人強の共産党である。次が自民党の一六八五人で、民主党は一〇二一人しかいない（比率では三・二％）。

民主党は地方に根を下ろしておらず、サルトーリの用語では、社会に「構造化」されていない政党となる。多少よいのが自民党であり、票の増減が民主党ほど極端でないのはこのためだ。だがその実質は党組織というより、国会議員の組織だという点が問題である。渡辺喜《わたなべよし》美《み》氏が離党すれば、下部はそのまま「みんなの党」に移る、という具合である。

こういう「構造化」の低い政党制では、小選挙区で有力二候補の競合となっても、全国的レベルで二党の競合となるとは限らず、二党制は定着しにくい。維新の会が強い大阪府や、渡辺氏の栃木県、あるいは小沢氏の岩手県では、それぞれ別の競合となるのである。

この一因は、衆議院に並立制を導入した後、一息ついてしまい、参議院はおろか地方議会の選挙制度も旧来のまま放置してきたことにある。改革は、失敗したのではなく、不徹底だったのだ。「いま一度の選挙制度改革を！」と改めて呼びかけたい。

ポルスビーの議会類型論

第三の点では、筆者の記述にも拙《つたな》かった面があったと反省している部分がある。選挙制度の議論は、まず、どんな統治システムにするかを決め、そこでどんな議会にするかを構想し、それに即した選挙制度を考える、という手順を踏むべきなのだが、わが国ではそうなっていない。同じ議会（立法府）といっても、イギリスとアメリカでは大きく異なるのだが、わが国の国会はどちらを目指すのか、という点である。ここではアメリカの政治学者ポルスビーの議会類型（図表13参照）が有益だ（N・W・ポルスビー「立法府」〈加藤ほか編『議会政治』、慈学社出版、二〇〇九年、所収〉）。

「ねじれ国会」が困るのは、政権与党の法案が成立しないのでは議院内閣制が立ち行かない

図表13　ポルスビーの議会類型

	「討論の議会」（イギリスなど）	「立法作業の議会」（アメリカなど）
権力分立	・議院内閣制と親近性あり	・大統領制と親近性あり
議会類型	・内閣・与党の法案を野党が批判する「討論の議会」「アリーナ議会」 ・争点を明確にすればよい ・実際の立法は内閣が担う	・議員自ら法案を提出し，修正も多い「立法作業の議会」「変換議会」 ・国民の要求を法律に「変換」する ・実際の立法作業を議員が担う
議会での政党	・党議拘束が強い	・党議拘束なし．機能する両院協議会（ねじれや分割政府でも打開の余地）
両院制・一院制	・下院の優越がきわめて明確（実質的に一院制に近い運用）	・両院は対等（一部、機能を異にする）
補助スタッフ	・少ない（官僚などが立案に協力）	・多い（公費で雇われている）

からだが、研究者の中にさえもそう考えない人がいる。政治家では政治制度の相違を考慮せず、「日本も、アメリカのように議員が法案を作成し、修正すればよい」と言う人が実に多い。だがアメリカでは、平均で下院議員一人につき一七人、上院議員なら四一人もの秘書が公費で雇われ、立法活動を支えているのだ。立法顧問局や議会図書館調査局にも大量のスタッフがいる。

アメリカ連邦議会に近い議会として、日本の国会を構想するというのなら、そういう補助スタッフはどう賄うのか。アメリカのような議員個人単位の立法活動とせず、政党単位での活動なら、幾分少なくてもよかろうが、それでも大量のスタッフが必要となる。カネをかけずに、「もっと議員立法を、もっと中身のある法案修正を」というのは、実情を無視しているのだ。

選挙制度とは、そういったレベルにまで立ち入って考えるべきであり、イギリス型、アメリカ型のどちらに近い国会を目指すのか、という点から議論すべきなのだ。アメリカのような「立法作業の議会」を目指すなら、比例代表制か、それに近い制度も可能だろうが、イギリス型の「討論の議会」を目指すのなら、小選挙区制で安定政権を創出することが重要である。

目指す議会の類型を決めた上で、それに相応しい議員を選ぶ選挙制度を考えればよいのだ。筆者は、現在の統治システムを根本から変えるのでなければ、イギリスに近いものをモデルとして構想するのが現実的だと考える。そうであるなら最低限、参議院の選挙制度は、衆議院と一体で検討しなければならないと思うのである。両院制なのだから、参議院が独自性を発揮できるよう選挙制度を変える、というのは、感情的には理解できても、政治を仕組《システム》みとして考える場合には、賛成できないものなのだ。

（二〇一三年六月）

巻末ノート

第一章

ホセ・オルテガ・イ・ガセット José Ortega y Gasset（一八八三〜一九五五）
スペインの哲学者で、多方面にわたり旺盛な評論を残した。主著の一つ『大衆の反逆』（一九三〇）で、独自の大衆社会論を展開し、現代社会の政治的傾向について批判的に論じ、高い評価を得ている。

野村淳治（一八七六〜一九五〇）
東京帝国大学教授で公法学者（行政法、国法学）。戦後すぐに設けられた憲法問題調査委員会（松本委員会）で美濃部達吉らとともに顧問を務めた。そこで天皇制廃止・大統領制導入の意見書を提出したことでも知られる。

ウォルター・バジョット Walter Bagehot（一八二六〜七七）
イギリスの著作家。政治の世界における象徴の重要性などを説いた『イギリス憲政論』（一八六七）が有名で、同書の中で一代貴族の導入など、憲政改革を唱えた。選挙制度では多数代表制の立場に立った。

ジョン・スチュアート・ミル John Stuart Mill（一八〇六〜七三）

イギリスの思想家・哲学者。父親は思想家のジェームズ・ミル。ベンサム流の功利主義者として出発し、次第に独自の自由主義思想を発展させ、『自由論』（一八五九）を残した。比例代表制の導入を提唱している。

吉野作造（一八七八〜一九三三）

宮城県生まれの政治学者で東京帝国大学教授。雑誌『中央公論』を主な舞台に「民本主義」を唱え、大正デモクラシーの理論的支柱となった。民本主義論文などで、小選挙区制を熱心に唱え、中選挙区制を厳しく批判している。

美濃部達吉（一八七三〜一九四八）

兵庫県生まれの憲法学者で東京帝国大学教授。明治憲法を立憲主義的に解釈する天皇機関説を唱え、軍部に排撃された。小選挙区制を唱えた時期もあるが、基本的には比例代表制を唱え、中選挙区制を厳しく批判した。

第二章

ハンス・ケルゼン Hans Kelsen（一八八一〜一九七三）

チェコ生まれの法学者。法律学では「純粋法学」を説いたことで知られる。政治学に近い分野では多数決原理の思想的基礎づけを試みた『デモクラシーの本質と価値』(第二版、一九二九)が有名。その中で比例代表制を主張している。

ヨゼフ・シュンペーター Joseph A. Schumpeter(一八八三〜一九五〇)

チェコ生まれの経済学者。ウィーンで学び、学究生活に入ったが、オーストリアの蔵相なども務めた。戦後はハーヴァード大学教授。イノヴェーションを重視した経済理論で知られるが、『資本主義・社会主義・民主主義』(一九四二)で展開したエリート競争型の民主主義理論は政治学に多大の影響を及ぼした。

カール・ポパー *Sir* Karl R. Popper(一九〇二〜九四)

哲学者(科学方法論)。ヒトラー政権下のウィーンを離れ、ニュージーランドを経て、ロンドン大学教授。全体主義を批判した『開かれた社会とその敵』(一九四五)や『歴史主義の貧困』(一九五七)で知られる。

山県有朋(一八三八〜一九二二)

明治・大正期の軍人で政治家。陸軍を基盤に政界でも力を発揮し、伊藤博文とほぼ同時期に活躍。伊藤亡き後も長く生き残り、最高指導者として力をふるった。政党を敵視し、官僚支配の強化に努めたことで知られる。

原敬（一八五六〜一九二一）

明治・大正期の政党政治家。伊藤博文の立憲政友会創立に参画し、次第に実権を掌握していった。一九一八年に最初の本格的な政党内閣を組織し、「平民宰相」として支持を集めた。小選挙区制論者であり、その実現を果たしている。

アレント・レイプハルト Arend Lijphart（一九三六〜）

オランダ生まれの政治学者。ライデン大学教授を経て、一九七八年からアメリカのカリフォルニア大学教授（比較政治学）。言語や民族や宗教など国内に分裂要因を抱えている国でも、指導層の協調的行動や、比例代表制など妥協的な政治運営により、民主政治の安定化は可能だとする多極共存型民主主義論を展開。主著は『多元社会のデモクラシー』（一九七七）ほか。

多極共存型民主主義

レイプハルトらが唱えた学説。民主政治は国内が同質的なイギリスのような国で安定すると考えられてきたが、国内に深刻な対立要因を抱えている西欧の中小諸国でも安定した民主政治が見られることを説いた学説。エリートが協調的行動をとり分裂を回避する努力をしていることとともに、比例代表制のような制度で少数派勢力を救済していることが重視されている。

カール・フリードリッヒ Carl J. Friedrich（一九〇一〜八四）

ドイツ生まれの政治学者。一九二二年からはハーヴァード大学など、主にアメリカで活躍。広範囲にわたる政治学の著作があり、『政治学入門』(一九六七)や『比較立憲主義』(一九七四)などの邦訳がある。

第三章

ジョヴァンニ・サルトーリ Giovanni Sartori(一九二四〜二〇一七)

イタリア人政治学者でアメリカのコロンビア大学教授。『現代政党学』(一九七六)で政党制の類型を提示したことで著名。民主主義論でも知られ、近年では選挙制度論と統治機構論の分野で新境地を拓いている。

自民党系無所属

保守系無所属ともいう。中選挙区制では自民党など大政党は、一般に複数の候補者を立てたが、公認がとれない候補者も無所属で出馬し、当選すれば、その後に追加公認され、自民党議員になることができた。本人の意思もあるが、各派閥が自派議員を増やすための方法でもあった。自民党の基盤拡大につながっていた面もあるが、放置すると乱立から共倒れとなる可能性もある。

衆参ダブル選挙

両院制の趣旨として「異なる時期の民意の反映」がいわれ、衆参の選挙は別々にされることが多いが、参議院選挙に合わせて衆議院が解散されると同日選挙となる。一部で憲法上の疑義が出されたが、大平内閣、中曽根内閣で行われている。

ジェラルド・カーティス Gerald L. Curtis（一九四〇〜）

ニューヨーク生まれの政治学者。代表的な日本政治研究者であり、九州で候補者と行動をともにしながらまとめたのが『代議士の誕生』（一九六九）。多くの日本の政治家と親交があり、日本政治分析には定評がある。

第四章

サブ・システム

下位システム、副次的システム。システム論では、相互に作用しあう要素の集合をシステムと呼び、システムはいくつかのサブ・システムからなっていると考える。たとえば日本社会の全体をシステムとすると、政治システムや経済システムはサブ・システムとなる。

カーボン・コピー

書類にカーボン用紙を挟んで書くと、複数の同じ書類が作成できるが、それと同じように、衆議院で決めたとおりに参議院が決めることを揶揄《やゆ》してこういう。英語に由来する表現としては、他に「ラバー・スタンプ」（ゴム印）という言い方がある。

一党優位制
サルトーリの政党制の類型の一つ。中国や旧ソ連のような一党（独裁）制と違って、競合的な自由選挙が行われているにもかかわらず、ある政党が選挙で勝ち続け、長期的に政権の中枢に座り続けている政党制をいう。「五五年体制」の時期の自民党や、インドにおけるかつての国民会議派が代表例とされる。

第五章

モーリス・デュヴェルジェ Maurice Duverger（一九一七～二〇一四）
フランス人政治学者で、長くパリ大学教授を務めた。幅広い政治学の分野で著作を続け、邦訳も多い。主著の『政党社会学』（一九五一）で選挙制度と政党制の関係を論じ、「デュヴェルジェの法則」と呼ばれ、有名となっている。

スタイン・ロッカン Stein Rokkan（一九二一～七九）
ノルウェーの政治社会学者。幅広い国際比較と、長期的な歴史的スパンでの考察で高く評価されている。選挙制度にも関心を向けたが、選挙制度の直接的作用よりは、政党制の社会構造上の基盤を重視する理論で知られる。

ヴァーノン・ボクダノア Vernon Bogdanor（一九四三〜）

イギリスの政治学者で、オックスフォード大学で教鞭をとっている。政党、選挙、政治制度を関連づけて考察している。多くの共同研究を組織し、優れた編書をまとめあげていることでも知られる。

第六章

部分連合

自民党の長期低落傾向で与野党伯仲状況になると、自民党指導者の一部は野党との協力を模索するようになった。その一人、大平正芳が語ったのが部分連合で、意味は曖昧だが、正式な連立政権は組まず、そのつど、暫定的に国会などで協力関係を組むことと理解される。竹下登が「パーシャル連合」と言い換えたが、相当する英語表現はなく、造語であろう。

選挙区画定審議会

一九九四年の政治改革関連四法の一つが「衆議院議員選挙区画定審議会設置法」である。国勢調査にもとづき小選挙区を再画定すべく、勧告を行う審議会がこれで、政治家では利害がからんで是正が困難なことから、この第三者機関による勧告を尊重することになっている。

終章

ラルフ・ダーレンドルフ *Sir* Ralf Dahrendorf（一九二九〜二〇〇九）
ドイツ生まれの社会科学者。一九七四年からイギリスに移り、ロンドン・スクール・オブ・エコノミクス（LSE）学長やオックスフォード大学の学寮長を務めた。社会紛争の理論で知られ、後に政治・経済理論に研究領域を広げた。主著は『現代の社会紛争』（一九九二）。

京極純一（一九二四〜二〇一六）
京都府生まれの政治学者。東京大学教授を経て東京女子大学学長などを歴任。日本人の文化的特性をふまえた独自の政治意識論を展開した。『現代民主政と政治学』（一九六九）、『日本の政治』（一九八三）などの著書がある。

H・H・ベァワルド『日本人と政治文化』人間の科学社，1974年（Hans H. Baerwald, *Japan's Parliament*, Cambridge: Cambridge Univ. Press, 1974）
V・ボクダノア「選挙制度と政党制」（英文，加藤編訳「前掲書」所収）（Vernon Bogdanor, "Conclusion: Electoral Systems and Party Systems", in: Bogdanor and David Butler, eds. *Democracy and Elections*, Cambridge: Cambridge Univ. Press, 1983）
K・ポパー「民主制の理論について」（加藤ほか編『政治社会学（第5版）』一藝社，2013年，所収）（Karl Popper, "Zur Theorie der Demokratie", in: *Der Spiegel*, Nr.32, 1987）
堀江湛「選挙制度改革のシミュレーション」（『エコノミスト』臨時増刊，1989年7月3日号）
堀江湛「政治システムと選挙制度」（堀江湛編『政治改革と選挙制度』芦書房，1993年，所収）
三谷太一郎『日本政党政治の形成』東京大学出版会，1967年
美濃部達吉「現行選挙法を非難す㈣」（『読売新聞』1911年3月8日付）
美濃部達吉『現代憲政評論』岩波書店，1930年（関連箇所の現代語訳が，美濃部達吉「現行選挙制度批判と比例代表制の提唱」として加藤編訳「前掲書」にあり，これに拠った）
宮川隆義『小選挙区比例代表並立制の魔術』政治広報センター，1996年
三宅一郎『投票行動』東京大学出版会，1989年
三宅一郎『選挙制度変革と投票行動』木鐸社，2001年
J・S・ミル『代議制統治論』岩波書店，岩波文庫，1997年（John Stuart Mill, *Consideration on Representative Government*, 1861）（関連箇所の邦訳が，ミル「比例代表制導入の提唱」として加藤編訳「前掲書」にあり，これに拠った）
吉野作造「憲政の本義を説いて其有終の美を済すの途を論ず」（『中央公論』1916年1月号）（関連箇所の現代語訳が，同タイトルで加藤編訳「前掲書」にあり，これに拠った）
吉野作造『普通選挙論』大鐙閣，1919年（関連箇所の現代語訳が，吉野作造「普通選挙の実施に伴う各種の問題」として加藤編訳「前掲書」にあり，これに拠った）
吉野作造「小選挙区制の利害」（『中央公論』1920年5月号）（関連箇所の現代語訳が，同タイトルで加藤編訳「前掲書」にあり，これに拠った）
A・レイプハルト『多元社会のデモクラシー』三一書房，1979年（Arend Lijphart, *Democracy in Plural Societies*, New Haven: Yale University Press, 1977）
A・レイプハルト『民主諸国』（英文）（Arend Lijphart, *Democracies*, New Haven: Yale University Press, 1984）
S・ロッカン「選挙制度」（加藤編訳「前掲書」所収）（Stein Rokkan, "Electoral Systems", in: Rokkan, *Citizens, Elections, Parties*, Oslo: Scandinavian University Press, 1970）

参考文献

阪上順夫『日本選挙制度論』政治広報センター，1972年
佐藤誠三郎「選挙制度改革論者は敗北した」（『諸君！』1997年1月号）
G・サルトーリ『現代政党学』早稲田大学出版部，1980年（Giovanni Sartori, *Parties and Party Systems*, Cambridge: Cambridge Univ. Press, 1976）
G・サルトーリ『比較政治学』早稲田大学出版部，2000年（Giovanni Sartori, *Comparative Constitutional Engineering*, second edition, Basingstoke: Macmillan, 1997）
J・A・シュンペーター『資本主義・社会主義・民主主義』（上・中・下），改訂版，東洋経済新報社，1962年（Joseph A. Schumpeter, *Capitalism, Socialism, and Democracy*,〔1942〕, 4 th ed. London: Allen & Unwin, 1952）
曽根泰教「ポストモダンの選挙制度改革」（『アステイオン』1991年冬季号）
杣正夫『日本選挙制度史』九州大学出版会，1986年
高橋和之「議院内閣制——国民内閣制的運用と首相公選論」（『ジュリスト』1192号，2001年）
谷藤悦史ほか編『誰が政治家になるのか』早稲田大学出版部，2001年
R・ダーレンドルフ『現代の社会紛争』世界思想社，2001年（Ralf Dahrendorf, *Der moderne soziale Konflikt*, Stuttgart: Deutsche Verlags-Anstalt, 1992）
M・デュベルジェ『政党社会学』潮出版社，1970年
M・デュベルジェ「デュベルジェの法則——四〇年後の再考」（加藤編訳「前掲書」所収）（Maurice Duverger, “Duverger's Law: Forty Years Later”, in: Bernard Grofman and Arend Lijphart, eds. *Electoral Laws and Their Political Consequences*, 1986）
成田憲彦「『政治改革の過程』論の試み」（『レヴァイアサン』木鐸社，1997年春季号）
西平重喜『比例代表制』中央公論社，1981年
西平重喜『統計でみた選挙のしくみ』講談社，1990年
野村淳治「比例代表法㈠」（『国家学会雑誌』第32巻第11号，1918年）
D・ノーレン『選挙制度と政党制』（独文）（Dieter Nohlen, *Wahlrecht und Parteiensystem*, Opladen: Leske Verlag, 1986）
W・バジョット「イギリス憲政論」（『バジョット ラスキ マッキーバー』，「世界の名著」第60巻，中央公論社，1970年，所収）（Walter Bagehot, *The English Constitution*, 1867）（関連箇所の邦訳が，バジョット「多数代表制の擁護」として加藤編訳「前掲書」にあり，これに拠った）
G・ヒールシャー『自信と過信』サイマル出版会，1985年
C・J・フリードリッヒ『立憲政治と民主制』（英文）（Carl J. Friedrich, *Constitutional Government and Democracy*, 4 th ed. Waltham: Bladidell, 1968）（関連箇所の邦訳が，フリードリッヒ「選挙制度と民主政治」として加藤編訳「前掲書」にあり，これに拠った）

参考文献

アイウエオ順．言及したものを主に挙げた．邦訳，現代語訳のあるもので，原典を掲げている場合は，引用文や訳語は必ずしもそのままでない．

明るい選挙推進協会『第42回衆議院議員総選挙の実態――調査結果の概要』財団法人明るい選挙推進協会，2001年

家永三郎『美濃部達吉の思想史的研究』岩波書店，1964年

伊藤光彦「歪みの場としての民主主義」（『日本ドイツ学会ニュース』第8号，1989年）

大嶽秀夫「結語『政治改革』は成功したか」（大嶽秀夫編『政界再編の研究』有斐閣，1997年，所収）

オルテガ「大衆の反逆」（『マンハイム オルテガ』，「世界の名著」第68巻，中央公論社，中公バックス版，1979年，所収）（José Ortega y Gasset, *Der Aufstand der Massen*, übersetzt von Helene Weyl, Stuttgart: Deutsche Verlags-Anstalt, 1947）

G・L・カーティス『永田町政治の興亡』新潮社，2001年

加藤秀治郎，楠精一郎共著『ドイツと日本の連合政治』芦書房，1992年

加藤秀治郎「解説――選挙制度と政治思想」（加藤秀治郎編『リーディングス 選挙制度と政治思想』芦書房，1993年，所収）

加藤秀治郎「解説――選挙制度の思想と理論」（加藤秀治郎編訳『選挙制度の思想と理論』芦書房，1998年，所収）

加藤秀治郎編訳『選挙制度の思想と理論』芦書房，1998年（以下で加藤編訳「前掲書」とは本書をさす）

加藤秀治郎『「憲法改革」の政治学』一藝社，2002年

K・E・カルダー『自民党長期政権の研究』文藝春秋，1989年

川人貞史「選挙制度と政党制」（『レヴァイアサン』木鐸社，1997年春季号）

川人貞史「選挙制度と政党システム」（川人貞史ほか『現代の政党と選挙』有斐閣，2001年，所収）

草柳大蔵『内務省対占領軍』朝日新聞社，朝日文庫，1987年

A・クライン『改革の対象としての選挙制度』（独文）（Axel Klein, *Das Wahlsystem als Reformobjekt*, Bonn: Bier'sche Verlagsanstalt, 1998）

H・ケルゼン『民主主義の本質と価値』岩波書店，岩波文庫，2015年（Hans Kelsen, *Vom Wesen und Wert der Demokratie*, 2. Auf.〔1929〕, Aalen: Scientia Verlag, 1963）

河野勝『制度』東京大学出版会，2002年

後藤田正晴『政治とは何か』講談社，1988年

小林良彰『公共選択』東京大学出版会，1988年

加藤秀治郎（かとう・しゅうじろう）

1949年（昭和24年），岩手県に生まれる．慶應義塾大学法学部政治学科卒業．同大学院法学研究科博士課程修了．法学博士．その間，ドイツのボーフム大学およびケルン大学に留学．京都産業大学教授，東洋大学教授を歴任．東洋大学名誉教授．専攻は政治学，比較政治学．

著書『戦後ドイツの政党制』（学陽書房）
『政治学入門』（芦書房）
『茶の間で聞く政治の話のウソ。』（学陽書房）
『ドイツの政治・日本の政治』（人間の科学社）
『選挙制度の思想と理論』（編著，芦書房）
『「憲法改革」の政治学』（一藝社）
『日本政治の座標軸』（一藝社）
『議会政治』（編著，慈学社出版）
訳書『選挙制度の思想と理論』（編訳，芦書房）
ほか

日本《にほん》の選挙《せんきょ》
中公新書 1687

2003年3月25日初版
2020年11月30日3版

著　者　加藤秀治郎
発行者　松田陽三

本文印刷　三晃印刷
カバー印刷　大熊整美堂
製　　本　小泉製本

発行所　中央公論新社
〒100-8152
東京都千代田区大手町1-7-1
電話　販売　03-5299-1730
　　　編集　03-5299-1830
URL http://www.chuko.co.jp/

Published by CHUOKORON-SHINSHA, INC.
Printed in Japan　ISBN978-4-12-101687-4 C1231